はじめてのヘリテージ建築

絵で読む「生きた名建築」の魅力

宮沢 洋

日経BP

本書のタイトルを見て、「ヘリテージ建築って何？」と思われた方も多いだろう。辞書を調べると、「heritage（ヘリテージ）＝遺産。継承物。または伝統。伝承」と書かれている。「ヘリテージ建築」という言葉は、辞書で引いても、ずばりの解説は見当たらない。

そこで今回、本書ではこう位置付けた。

ヘリテージ建築とは？

完成から長きにわたって人々に愛され、
今も心地よく使われている建築物。
築年数にかかわらず、利用者の記憶を継承し、
つくり手の思いや業績を伝えるもの。

本書は、日建設計 note（https://note.com/nikken）にて、2021年5月から2年間にわたって連載した「イラスト名建築ぶらり旅 with 宮沢洋＆ヘリテージビジネスラボ」の記事のうち20本を再構成し、座談会を加えたものである。

日建設計は1900年に創業した日本で一番古く、かつ規模の大きい建築設計事務所である。連載名にある「ヘリテージビジネスラボ」というのは、そんな老舗設計事務所で2016年に生まれた「古い建築の再生ビジネスを専門とする」比較的新しい部署だ。

日建設計から連載の話があった時、「それは社会的な意味が大きい！」と即断でOKした。

「古い建築を楽しむ」ことの大切さ

筆者はかつて『日経アークテクチュア』という建築専門雑誌の記者だったが、2020年に独立してからは「画文家」を名乗り、建築の面白さをイラスト（画）と文章で一般に向けて伝える仕事をしている。なぜ元専門雑誌記者が一般に向けて発信しているかというと、「一般の人が建

築を面白がる」あるいは「建築を好きになる」ことが、「建築物の長寿命化」につながると考えているからだ。

　民間のビルや公共施設が取り壊されるとき、その理由はほとんどの場合、「物理的な理由」ではなく、「運営上の理由」である。所有者や運営者が、現在よりも経済効率を上げるために建て替える、あるいは更地にする。日本は「もったいない精神」の国といわれるが、こと建築に関しては、「古いものに手を入れて使う」という意識に欠けている。

　存続の判断をするときに「この建築は面白い」「この建築が好きだ」というファクターがあれば、「改修して使い続ける」という選択肢が生まれる。日建設計からの依頼を即決したのは、まさにそういう流れを後押しするものと思えたからだ。

3つの「楽しみ方」でナビゲート

　各記事の取材には案内役として日建設計の西澤崇雄さんが同行してくれた。西澤さんの専門は構造設計で、博士号も持つバリバリのエンジニアだ。仕事を通じて歴史的建築物の活用の面白さに目覚め、「ヘリテージビジネスラボ」を社内提案。今はその部署を引っ張っている。

　本書で取り上げた20件は、何らかの形で日建設計が関わっている。ただし、西澤さんも日建設計も、そのことを伝えたいわけではなく、「古い建築を楽しむ人を増やしたい」というリクエストだ。なので、本書の記事は、年代別やエリア別ではなく、「3つの楽しみ方」で分けた。「変化を楽しむ」、「物語に出会う」、「グルメを楽しむ」だ。

　それでは、凸凹コンビの2人と共に、「はじめてのヘリテージ建築」をお楽しみください。

宮沢洋

古い建築の面白さを
伝えましょう

やった!!

Part 1
変化を楽しむ

Part 2
物語に出会う

Part 3
グルメを楽しむ

※文章とイラストはともに宮沢洋による。※写真は特記をのぞき、日建設計の提供もしくは宮沢洋の撮影。
※タイトル部分の建物名称は現在の名称。※記事中の情報は原則、それぞれの取材時点（2021年4月〜2023年3月）のものです。

Part 1

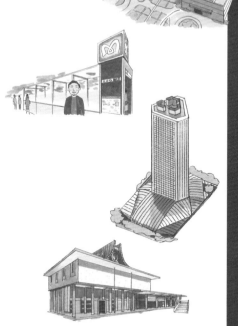

変化を楽しむ

建築がアート作品と大きく違うのは、
「使い続けるために手を入れることも必要」ということだ。
例えば、重要文化財の名画に加筆した、
なんていうことがあったら大バッシングだろう。
けれども、重要文化財の建築の一部を改修した、と聞いても
驚かないでほしい。むしろ「どう変わったの!?」とワクワクしてほしい。
それは、建築が生きて使われる状態にバリューアップされたということだ。
本章では、そんな"転生型"ヘリテージ建築の面白さを探る。

01

中部電力 MIRAI TOWER（名古屋テレビ塔）

「塔博士」もびっくりの絶景タワーホテル

えっ！
どこがホテル？

1954年完成／名古屋市中区

内藤多仲博士が設計した"タワー6兄弟"の長男、「名古屋テレビ塔」（1954年完成）を訪れた。

TACHU NAITO
1886 − 1970

大規模な改修を終え、2020年秋に再オープン。さらに、2021年5月からはネーミングライツにより、「中部電力MIRAI TOWER」となった。（3年契約）

案内役の西澤さん　いつ見てもいい…　おー、　宮沢

【イラスト1】

「タワー6兄弟」という言葉をご存じだろうか。「塔博士」とも呼ばれ、早稲田大学教授で構造エンジニアの内藤多仲が設計の中心になった6つのタワーのことをいう。6兄弟の長男には「東京タワー」を想像してしまうが、そうではない。ここで取り上げる「名古屋テレビ塔」だ。2021年5月からはネーミングライツで「中部電力MIRAI TOWER」という名前になっている（本書では、完成時の話も多いので名古屋テレビ塔と呼ぶ）。

【イラスト1】

「タワー6兄弟」は高さ順ではなく、完成年順だ。長男の名古屋テレビ塔は1954年（昭和29年）完成。日本初の集約電波塔で、高さ約180m。当時は日本一の高さだった。次男は大阪市の「通天閣」（1956年、高さ約108m）。三男は大分県の「別府タワー」（1957年、高さ約90m）。四男は「さっぽろテレビ塔」（1957年、高さ約147m）。……と、ここまでは高さ日本一を誇っていたが、1958年（昭和33年）に完成した五男の「東京タワー」（高さ約333m）に身長を抜かれる。

「6兄弟」なので、もう1人いる。末っ子は6年後の1964年に完成した「博多ポートタワー」。高さ約100m。内藤多仲は1886年生まれなので、このとき78歳。これ以降はさすがにタワー設計の最前線からは距離を置き、1970年に84歳で亡くなった。

もし内藤が今のタワー6兄弟の姿を見たら、おそらく一番驚き、喜ぶだろうと思うのが、この名

かつて放送用の施設が入っていた2〜5階は商業用途に改修され、4階と5階はなんとホテルに！

新設エレベーター→

そして、な、なんと客室内に鉄骨が！！

客室によって鉄骨が貫く角度が違う。なんてアーティスティック！

ホテル
ホテル
ショップ、ラウンジ他
レストラン　他
EV
店舗

え？
おー

【イラスト2】

古屋テレビ塔だ。2019年2月から2020年8月にかけて大改修を行い、かつて放送関連施設だった"空中スペース"が、今はホテルになっているというのだ。

「ここにしかない」 絶景ホテル

「タワーの中にホテル」ってどういうこと？それが今回のリポートの目玉である。

本書の案内役は西澤崇雄さん。西澤さんは「日建設計 エンジニアリング部門サスティナブルデザイングループ ヘリテージビジネスラボ ダイレクター ファシリティコンサルタント」という、舌をかみそうな役職。専門は構造設計で、博士号も持つバ

リバリのエンジニアだ。仕事を通じて歴史的建築物の活用の面白さに目覚め、「ヘリテージビジネスラボ」を社内提案。その部署を引っ張っている。

名古屋テレビ塔の改修工事は、西澤さんが勤める日建設計が設計の中心になって実現した。だが、ホテル内は同社の担当ではなかったため、客室などを見るのは今回の訪問が初めてだという。ホテルは、2020年10月に開業した「THE TOWER HOTEL」。2人ともワクワクしながら、新設されたエレベーターに乗り、4階へと向かう。【イラスト2】

な、なんと、客室のド真ん中に鉄骨が！　しかも、すごい存在感で斜めにグサリと……。「この部屋は鉄骨が見える特別な部屋なのですか？」とTHE TOWER HOTEL 取締役の豊田涼子さんに聞

斜めの鉄骨柱は、4階のレストランの中も堂々と貫いている。邪魔？ いやいや、これは"空間の宝"だ。

空間の宝は鉄骨柱だけではない。ビル群の谷間に一直線に延びる"緑の帯"が、心も和ませる。

この景色は永遠に失われませんね

「十戒」みたい…

【イラスト3】

く。すると豊田さんは、「どうぞほかの部屋もご覧ください」と満面の笑み。

　取材の役得で次々と客室のドアを開けさせてもらう。びっくりの連続だった。どの部屋にも鉄骨が貫通し、その位置や角度が部屋によって違う。タワーを支える巨大な鉄骨柱を間近に眺めながら過ごせる室内は、他ではなかなか味わえない"宝"のような空間だ。

　「柱の立ち方や部屋の形に合わせて、インテリアやアート作品を変えています。客室は全15室で同じ部屋は1つもありません。お客さまの中には全室コンプリートを目指している方もいらっしゃいますよ」と豊田さん。確かにその気持ちがわかる。

古城にも似た
「SLH」の特別感

　鉄骨が露出しているのは客室内だけではない。4階のホテルフロントやロビー、レストランにも

ここにもドーン！

レストラン

地上90mの高さに屋内展望台。その上に、こんな鳥かごみたいな「スカイバルコニー」があったって知らなかった。

スカイ
バルコニー ←

屋内
展望台

ここで西澤さんのうんちく。

今は、建築ではこういう「リベット接合」はほとんど使われなくなりましたね。

＜リベット接合＞

リベット　加熱

ヘー、

【イラスト4】

鉄骨が強い存在感で立つ。【イラスト3】

「柱が邪魔だという人はいませんか？」と豊田さんに尋ねると、「ほとんどの方は柱のことを知っていて予約されます。それでも想像以上の大胆さに喜ばれます」とのこと。これを見て「邪魔だ」というような無粋な人は、わざわざここには泊まらないのだ。

このホテルは、英国に本部を置く世界的ホテルブランドグループ「Small Luxury Hotels of the World（SLH）」に加盟している。豊田さんによると、世界にはSLHの加盟ホテルだけを巡る愛好家がたくさんおり、加盟ホテルの中にはヨーロッパの古城をホテルに改修したものもあるという。なるほど、眼下に見える緑の景色も含め、このホテルの特別感は「古城」に近いかもしれない。

新たに誕生したホテルも魅力的だが、長男にはもともと長男しか持っていない"宝"があった。その1つが、地上90mの屋内展望台の「屋根の上」にある「スカイバルコニー」。細い鉄の棒で囲まれた、大きな鳥かごのようなスペースだ。屋根も

久屋大通公園を見下ろす

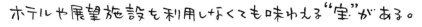

【イラスト5】

鳥かご状で、ほぼ屋外。日本で前例のない高さの塔をつくろうというときに、こんな開放的な展望スペースをつくることを考えたエンターテインメント精神に驚かされる。【イラスト4】

ちなみに、展望台に上るエレベーターは2基あり、そのうちの1基（乗り場から見て右側）は建設当初から使っているものだ。ガイドの女性が扉を手で開け閉めする姿に感動。繁忙期しか使わないそうだが、これに乗れた人は相当ラッキーだ。

足元の"抜け"は エッフェル塔級？

施設を利用しなくても味わえる"宝"もある。それは塔の足元の広場だ。【イラスト5】

旧式エレベーター

6兄弟の中でも、塔の足元がこんなに広々と抜けているのはここだけ。その視線の抜けを強調するのが、十字に架け渡した巨大なコンクリートアーチだ。外から見ると直線的なデザインだが、塔の下で見るとなんて優雅……。そして、アーチの南北には長さ約2kmに及ぶ久屋大通公園。フラ

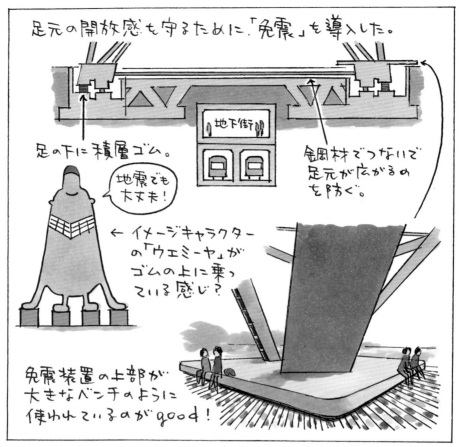

足元の開放感を守るために「免震」を導入した。

地下街

足の下に積層ゴム。

地震でも大丈夫！

鋼材でつないで足元が広がるのを防ぐ。

← イメージキャラクターの「ウエミーヤ」がゴムの上に乗っている感じ？

免震装置の上部が大きなベンチのように使われているのがgood！

【イラスト6】

ンス・パリのエッフェル塔を思わせる光景だ。

案内役の西澤さんによると、設計者の内藤多仲は、この塔が完成した後に地下鉄が真下に開通する予定であったことから、低層階用のエレベーターを中心から西側にずらし、広場の構造物を極力減らしたのだという。そうだったのか……。

名古屋テレビ塔の運営に長く携わっている若山宏・名古屋テレビ塔常務取締役は、「今回の改修では、塔の足元の見え方を変えないことを最も重視しました」と振り返る。少し専門的な話になるが、改修の経緯をざっと説明して終わろう。

名古屋テレビ塔が運営を開始したのは1954年6月19日。テレビ放送用の電波発信と観光振興のためにつくられた。約50年後の2005年に、

テレビ塔完成から9年後、1965年5月当時のテレビ塔下の建設工事（出典：名古屋市交通局／名古屋の地下鉄50年のあゆみより）

01

名古屋テレビ塔

所在地：名古屋市中区錦3-6-15
既存建物の完成：1954年（昭和29年）
設計：内藤多仲
監理：日建設計工務（現・日建設計）
施工：竹中工務店、新三菱重工業神戸造船所、
　　　宮地建設工業など
構造：鉄骨造、一部鉄骨鉄筋コンクリート造

［改修工事］
発注・運営者：名古屋テレビ塔
設計：日建設計
施工：竹中工務店
改修後の階数：地下1階・地上5階（展望台は工作物）
施工期間：2019年2月〜2020年8月
開業日：2020年9月18日

全国のタワーで初となる国の登録有形文化財に認定。2011年にはアナログ放送の終了に伴い電波塔としての役割を終え、観光施設へのシフトチェンジが本格化する。次の100年に向け約1年半かけて実施された今回の改修工事は、地下に「免震装置」を導入する大掛かりなものだった。

塔を補強するアイデアには、地下免震案（採用案）のほか、中間免震案、集中制振案などがあった。先行して実施された大阪・通天閣の補強では中間免震（柱脚を地上部で切って免震装置を入れる）が採用されたが、その方法だと足元の見え方が変わり、名古屋テレビ塔特有の開放的な広場に圧迫感が生まれてしまう。

そこで、名古屋テレビ塔では4本の柱脚の地下部分を切って免震装置を挿入。既存の低層階用エレベーターは2階の床下部分で切断し、塔の西側に新たなエレベーターを建てた。【イラスト6】

免震というのは、大きなゴムや、転がる・すべる仕組みを柱の下などに挟んで地震の揺れを軽減する技術。つまり名古屋テレビ塔は、足元から丸ごとゴムの上に載せて、地震に備えているのである。そんな大工事のことなど知る由もなく、補強用のコンクリートの"ベンチ"に座ってくつろぐ人々の姿がほほ笑ましい。空の上の「塔博士」も大満足して眺めているに違いない。

> 追記：名古屋テレビ塔は、2022年12月、国の重要文化財に指定された（取材は2021年5月）。

02
茨城県立図書館

2度の大胆再生で気分はハリー・ポッター

見事に
図書館化。

1970年完成／水戸市

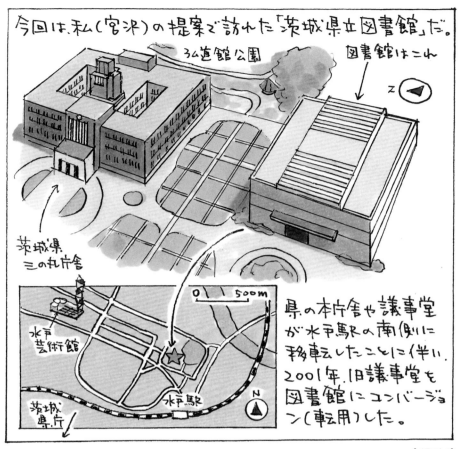

今回は、私（宮沢）の提案で訪れた「茨城県立図書館」だ。

弘道館公園

図書館はこれ

茨城県
三の丸庁舎

水戸
芸術館

0 500M

水戸駅

茨城
県庁

N

県の本庁舎や議事堂
が水戸駅の南側に
移転したことに伴い、
2001年、旧議事堂も
図書館にコンバージョ
ン（転用）した。

【イラスト1】

エントランスから入ると、まるでホグワーツ魔法
魔術学校（ハリー・ポッターが通う学校）のような
中世ヨーロッパ風の空間が出迎える。いきなりです
が問題。この「茨城県立図書館」は、図書館になる
前、何の建物だったでしょう？　チッチッチッ…。

予備知識なしに答えられた人は、建築家か探偵

大階段からエントランスのカフェを見下ろす

になれる。筆者は、何も知らずにここに来たら、全
くわからなかったと思う。

答えは、議事堂だ。約50年前の1970年、水戸
市三の丸に「茨城県議会議事堂」として建てられた
ものだ。2001年、県庁移転に伴って改修され、現
在の県立図書館となった。もとの建物を設計した
のは、案内役の西澤崇雄さんが所属する日建設計。
図書館に改修したのも日建設計だ。あまりに見事
な"図書館化"に、西澤さんと2人で何度も感嘆
の声を上げてしまった。【イラスト1】

この施設を取り上げようと提案したのは筆者であ
る。2021年の夏、たまたまSNSで「図書館内にカ
フェが出来た」というニュースを見たからだ。カフェ
の設計には日建設計は関わっていない。だから、

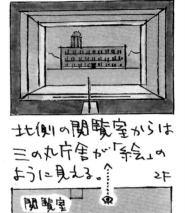

← 2階の開架閲覧室。
天井が高く、大きな窓から
外の景色が見えて気持ちいい！

天井高っ！

すごい景色！

北側の閲覧室からは
三の丸庁舎が「絵」の
ように見える。 2F

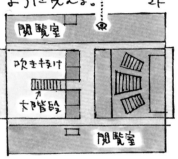

南北両サイドにあった
諸室の壁を取り払い、
大部屋の閲覧室に
改修した。

閲覧室

吹き抜け

大階段

閲覧室

【イラスト2】

西澤さんは知らなかった。でも、「議事堂→図書館→カフェ併設図書館」という2度の再生は面白い。このシリーズにピッタリではないか、と西澤さんに提案し、今回の取材となった。

ということで2人とも初見なので、見る場所見る場所、いちいち驚いてしまったのである。

まずは"1度目の再生"の
閲覧室から

茨城県立図書館企画管理課の栗原隆光係長が施設内を案内してくれた。まずは"1度目の再生"、2001年に図書館へ変わった部分から見ていこう。

もともと議会のサポートのための諸室があった南北両サイド1階と2階が、開架の閲覧室になって

いる。外から想像していた閉鎖的なイメージとは全く違って、大きなガラス窓から外の景色が見えて落ち着く。特に2階は、天井が高くて、公共建築とは思えないゆったり感だ。

案内してくれた栗原係長も「天井高が高くて開放感があるところが好きです」という。

景色もレトロ。

1階北側の窓からの眺め

18

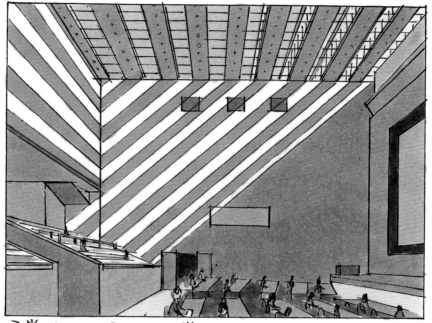

かつての議場は、大空間のまま「視聴覚ホール兼閲覧室」に。晴れた日には、トップライトから差し込む光のストライプが美しい。

通常時には、勉強中の学生さんが多い。ここが議場だったって、10代の若い人たちは知っているのかなぁ……。

【イラスト3】

2階のこの空間はもともと何だったのだろうと思って改修前の図面を見てみると、議員たちの控室だった。「なんて贅沢(ぜいたく)な」とも思うが、当時ゆったりつくっておいたおかげで、図書館として無理なく使えているのだ。【イラスト2】

2階閲覧室

旧議場の大胆な
使い方に驚く

「天井が高い」といえば、旧議場だろう。現在は「視聴覚ホール兼閲覧室」となっている。3層分吹き抜けの天井の高い大空間を見て、勘のいい人は、「最初から図書館ではなかったのでは?」と気づくかもしれない。

でも、天井はのこぎり形のトップライトで、自然

もとから
この天窓!

旧議場のトップライト見上げ

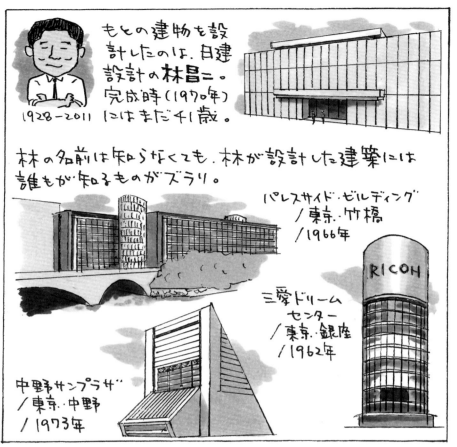

もとの建物を設計したのは、日建設計の林昌二。完成時(1970年)にはまだ41歳。

1928-2011

林の名前は知らなくても、林が設計した建築には誰もが知るものがズラリ。

パレスサイド・ビルディング
/東京・竹橋
/1966年

三愛ドリームセンター
/東京・銀座
/1962年

RICOH

中野サンプラザ
/東京・中野
/1973年

【イラスト4】

光がストライプ状に差し込む。議場というのは大抵、暗く重々しい空間なので、この明るい部屋がかつて議場だったとは想像しづらい。【イラスト3】

　図書館に改修した際に屋根をトップライトに変えたのかと思ったのだが、もともと議場の時代からこうだったのだという。50年前に何て先進的なデザイン。

議事堂の設計は
日建設計の林昌二チーム

　ここで建築的なうんちくを1つ。もとの建物(議事堂)の設計の中心になった原設計者は、建築界ではよく知られる林昌二(1928〜2011年)という人だ。「建築家」というと、多くの人は、個人名で活動する設計者を思い浮かべると思うが、日建設計のような"組織設計事務所"に所属する人の中にも、有名建築家はいるのだ。【イラスト4】

　林昌二は、そんなサラリーマン有名建築家の代表格で、例えば、皇居のお堀端に立つ「パレスサイド・ビルディング」(1966年)や銀座4丁目交差点に立っていた「三愛ドリームセンター」(1962年)、音楽の殿堂と呼ばれた「中野サンプラザ」(1973年)などを設計した。

　公共建築の設計者は通常、設計競技(コンペ)や入札で決まることが多いのだが、議事堂の設計は、林昌二を"名指し"して県から依頼があったのだという。そんな信頼関係があったからこそ、こんな大胆な議場が実現できたのだろう。

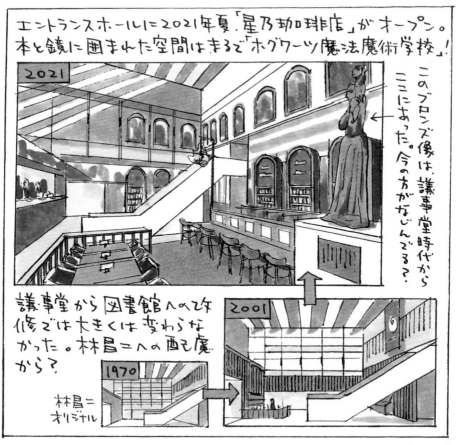

エントランスホールに2021年夏「星乃珈琲店」がオープン。
本と鏡に囲まれた空間はまるで「ホグワーツ魔法魔術学校」！

2021

このブロンズ像は、議事堂時代からここにあった。今の方がなじんでる？

議事堂から図書館への改修では大きくは変わらなかった。林昌二への配慮から？

2001

1970

林昌二
オリジナル

【イラスト5】

"2度目の再生"は温かみのあるカフェ

閲覧室を見て回った後、入り口部分の"2度目の再生"エリアへ。エントランスホールの吹き抜けに2021年7月、「星乃珈琲店 茨城県立図書館店」がオープンした。

中に入ると正面階段を中心としてシンメトリーな空間が広がり、階段を上がると前述の旧議場（現・視聴覚ホール兼閲覧室）がある。4層吹き抜け、高さ約15mの天井面には、旧議場と同じノコギリ形トップライトがあり、自然光が差し込む。【イラスト5】

かつてはコンクリート打ち放しとアルミパネルの壁に囲まれていたが、今回の改修で木質の書棚と

ブロンズ像はもとから！

エントランスホールのカフェ

黒っぽいミラーガラスで囲まれた中世ヨーロッパの邸宅風デザインに変わった。中央の大階段が空間に威厳を与える。南側に立つブロンズ像が「もとからあった」とは思えないほど空間にマッチしている。

【イラスト6】

カフェを運営するのは、日本レストランシステム。ドトールコーヒーなどを展開するドトール・日レスホールディングス傘下の会社で、県の事業者公募で選ばれた。店舗デザインは、日本レストランシステムの宮島忠氏、Nowhere-Designs の鈴木弦氏、ambos の石井一東氏によるデザインチームが担当した。

温かみがあって、おしゃれ感がある。カフェだけを利用しにくる人も多いという。案内してくれた栗原係長は、「カフェが出来てから、図書館の職員もセンスの良さに気を使うようになった」と笑う。

カフェを囲む書棚にある本を読んでよいのはもちろん、開架閲覧室の本をここに持ってきて読んでもよい。近くに駐車場もたくさんある。何という至

現在の正面外観

福。これが近所にあったら、毎日ここに来ちゃうなあ……。【イラスト6】

ところで、原設計者の林昌二は、"辛口のご意見番"としても知られていた。林がこのカフェを見た

茨城県立図書館

所在地：水戸市三の丸 1-5-38

既存建物（茨城県議会議事堂）の完成：1970年（昭和45年）

設計：日建設計

構造：鉄筋コンクリート造

階数：地下1階・地上4階

［図書館への改修工事］

設計：茨城県土木部営繕課、日建設計

施工：竹中工務店・昭和建設JV

延べ面積：8700.69㎡

完成：2000年12月

02

らどう思うだろうか。静謐なモダニズム空間に映画もどきのカフェなどけしからん、とか言うのだろうか。林を何度も取材したことのある筆者は、そんな想像をしていた。だが、林が生前、この建物の設計意図についてこんなことを書いているのを発見。

「贅沢はしないということ、用を満たし、気持ちよくすごせる場をつくれば、それでよい」（『新建築』2002年2月号から引用）

重要なのは、「気持ちよくすごせる」こと。2度の再生で、今もこの建築は「気持ちよくすごせる場」であり続けている。雲の上の林昌二も「狙い通り」と思っているに違いない。カフェで分厚いパンケーキをいただきながらそう思った。

窯焼きスフレパンケーキとサンドイッチをいただく

前庭でも本領発揮！

03

前庭整備で知る
ル・コルビュジエの魔法

国立西洋美術館本館と前庭

近代建築の巨匠、ル・コルビュジエ。

Le Corbusier
1887 - 1965

パリに拠点を置くコルビュジエが、日本の
3人の弟子たちと設計した国立西洋美術館。

1959年完成。2016年に
世界文化遺産となった。

【イラスト1】

近代建築の巨匠、ル・コルビュジエ（1887〜1965年）の設計で1959年に完成した「国立西洋美術館」は、57年後の2016年に世界文化遺産に登録された。【イラスト1】

筆者は建築の面白さを一般の人に伝える仕事をしているので、「国立西洋美術館って何がすごいんですか？」と聞かれることがある。この質問はなかなか答えるのが難しい。

よくいわれるのは、「ル・コルビュジエが提唱した無限成長美術館の考えを実践したものだから」というもの。「無限成長美術館」とは、建物の内部をうず巻きのような形にして、増築するときにはうず巻きを伸ばしていけば「無限」に拡張できる、という考え方だ。【イラスト2】

確かに、本館はそういう考え方で平面が構成されている。だが、本館の20年後に増築された「新館」は、うず巻きの続きになっていない。新館を設計したのは、ル・コルビュジエの弟子の前川國男だ。弟子ですら「そんなふうに増築するのは無理」と考えたわけで、ル・コルビュジエの「無限成長」のコンセプトをことさら持ち上げる気持ちにはなれない。

なので、「何がすごい？」という質問には「ル・コルビュジエが設計した数少ない美術館だから」と答えていた。すると、質問した人は、目に見えてがっかりした表情になる。私が聞きたいのは、そんなことじゃない、と。

愚痴みたいな前振りで何をいいたいかというと、今回の取材で、この国立西洋美術館がどうすごい

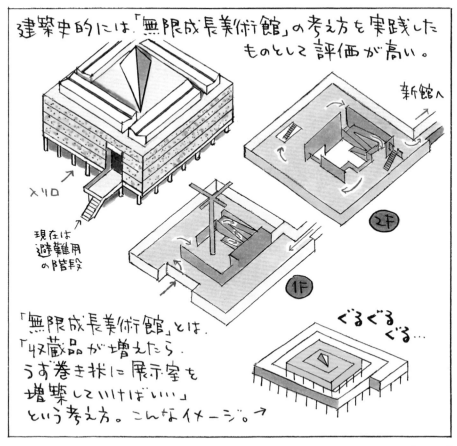

建築史的には「無限成長美術館」の考え方を実践したものとして評価が高い。

新館へ

2F

1F

ぐるぐるぐる…

メリロ

現在は避難用の階段

「無限成長美術館」とは、「収蔵品が増えたら、うず巻き状に展示室を増築していけばいい」という考え方。こんなイメージ。→

【イラスト2】

かが自分なりに説明できるようになったのである。

1年半の大工事で
変わったのは…

本書で国立西洋美術館を取り上げるのは、「前庭リニューアル」の設計を日建設計が担当したからだ。案内役の西澤崇雄さんの上司であるサスティナブルデザイングループの高野恭輔さんがプロジェクトの中心になった。

世界文化遺産の対象は、「国立西洋美術館本館および園地」だ。前庭も世界文化遺産なのである。その前庭のリニューアル工事は、2020年10月19日から2022年4月8日まで、施設を休館して行われた。1年半も休館するとはかなりの大工事。しか

し、その内容はかつて聞いたことのない変わったものだった。

同館の前庭は1959年の開館以来、さまざまな改変が行われてきた。2016年に世界文化遺産に登録された際、ル・コルビュジエの設計による当初の前庭の設計意図が一部失われているという指摘がなされたという。そのため、今回の工事では、前庭の下にある「企画展示室」（1997年完成）の屋上防水をリニューアルするのに合わせて、本来の設計意図が正しく伝わるように前庭を本館開館時の姿に可能な限り戻すことになった。

で、工事によりどう変わったのか。館の公式サイトではこう説明している。

「本館開館時の正門は、上野公園の噴水広場に

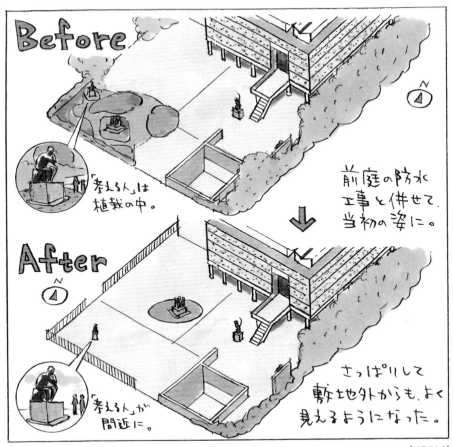

Before

「考える人」は植栽の中。

前庭の防水工事と併せて当初の姿に。

After

さっぱりして敷地外からもよく見えるようになった。

「考える人」が間近に。

【イラスト3】

面した西側にありました。前庭は、植栽の少ない広いオープンスペースとなっており、外部との連続性を持たせるため、園路から彫刻や本館を見渡すことができる透過性のある柵で囲われていました。（中略）この度の前庭リニューアルでは、植栽を最小限とし、西側の門からのアプローチと開放的な柵、ロダンの彫刻《考える人》と《カレーの市民》の位置をできる限り当初の状態に戻しました」（国立西洋美術館公式サイト：「美術館の建築」より）

前庭の目地割りを「モデュロール」に

イラストで描くと上のような改修だ。【イラスト3】植栽を減らし、柵のデザインも当初に戻したこと

敷地外からもよく見える！

彫刻の周りの植栽がすっきり

で、敷地の外から敷地内が見えやすくなった。用がなくても入りたくなる。

再度、公式サイトの説明に戻る。今回の記事で注目したいのは、サラッと書かれた次の部分だ。

「またル・コルビュジエが人体の寸法と黄金比を

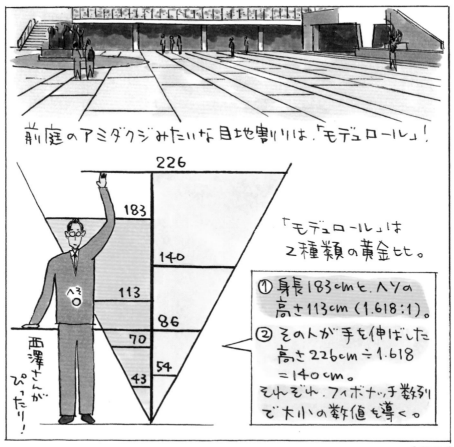

前庭のアミダクジみたいな目地割りは、「モデュロール」！

226
183
140
113
86
70 54
43

西澤さんがぴったり！

「モデュロール」は
2種類の黄金比。

① 身長183cmと、ヘソの高さ113cm（1.618：1）。
② その人が手を伸ばした高さ226cm÷1.618＝140cm。
それぞれ、フィボナッチ数列で大小の数値を導く。

【イラスト4】

もとに考案した尺度である『モデュロール』で割りつけられた床の目地も、細部に渡って復原しました。」（国立西洋美術館公式サイト：「美術館の建築」より）

そうか、前庭のアミダくじみたいな目地割りは、「モデュロール」だったのか！

今回の改修では、「野帳」と呼ばれる施工時の記録帳を子細に調べ、それぞれの目地の寸法を正確なモデュロールの数字に合わせた。

そもそも「モデュロール」とは？

「モデュロールって何？」という声が聞こえてきそうだ。

ル・コルビュジエという建築家は、デザインの力もさることながら、設計のプロセスに"法則"を見いだし、それにキャッチーな言葉を当てる能力にたけていた。

「モデュロール」もその1つだ。モデュロールはフランス語で寸法を意味する「モデュール（module）」と「黄金比（section d'or）」を組み合

うーん、この目地って…

前庭を西側から見る

28

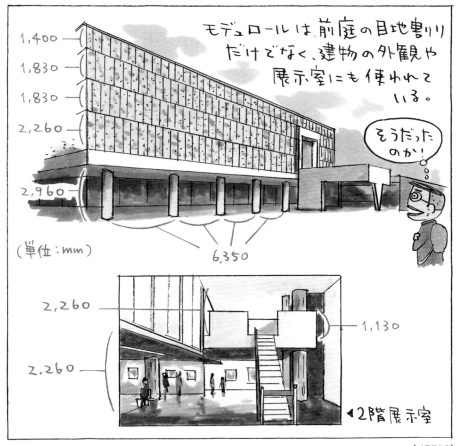

モデュロールは前庭の目地割り
だけでなく、建物の外観や
展示室にも使われて
いる。

1,400
1,830
1,830
2,260
2,960
（単位：mm）
6,350

そうだったのか！

2,260
1,130
2,260
◀2階展示室

【イラスト5】

わせた造語。ル・コルビュジエは、自身が考案した基準寸法システムをそう名付けた。

館内で配布している世界遺産パンフレットのモデュロールの説明文がわかりやすかったので引用する。

「ル・コルビュジエは人間の身体に沿った建築を

そうか、モデュロールか！

前庭の目地

目指して、世界中で使うことができる尺度である『モデュロール』を考案しました。男性の身長183cmと、へそまでの高さ113cmの比が黄金比1.618：1になることと、113cmの2倍で、この男性が手を伸ばした高さである226cmを基準として、2種類の尺度を作り出しました。このモデュロールの寸法を足したり、隣り合わせて使うことで建築に統一感やリズムが生まれます。」

補足すると、寸法を分割あるいは拡大するために「フィボナッチ数列」（1、2、3、5、8、13、21…）を使っている。それを説明すると長くなるのでここでははしょるが、使う寸法は、28ページの図のような数字となる。【イラスト4】

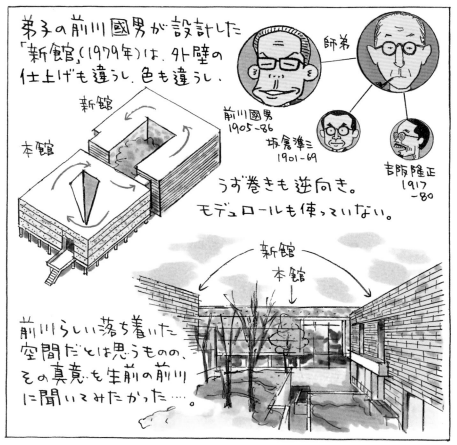

弟子の前川國男が設計した
「新館」(1979年)は、外壁の
仕上げも違うし、色も違うし、

新館

本館

師弟

前川國男
1905~86

坂倉準三
1901~69

吉阪隆正
1917~80

うず巻きも逆向き。
モデュロールも使っていない。

新館
本館

前川らしい落ち着いた
空間だとは思うものの、
その真意を生前の前川
に聞いてみたかった……。

【イラスト6】

実は極めて合理的だった
モデュロール

筆者もモデュロールの考え方は知っていたし、限られた数字を使うことでリズム感が生まれるのはわかる。だが、「なぜ身長183cmの人に合わせるの?」「手を伸ばした長さに何の意味が?」と、その効果についてはずっと疑問に思っていた。

しかし、案内してくれた福田京さん(国立西洋美術館専門員、2022年当時)からこんな話を聞いて、頭の中のモヤモヤに一条の光が差した。

「ル・コルビュジエが日本に送った十数枚の図面の中に、寸法が入ったものは1枚しかありませんでした」(福田さん)

えっ、どういうこと? 他の図面は寸法がなくて、どうやってつくるの? 図面に魔法をかけた?

日本側で設計をフォローしたのはル・コルビュジエの3人の弟子、前川國男、坂倉準三、吉阪隆正だ。弟子といえども、さすがに小さな図面から以心伝心で寸法は想像できまい。そう思ったのだが、福田さんのこの説明で、全てに納得。

「図面の中の寸法は全てモデュロールの数字なので、図面の縮尺がわかれば、図面を測ることで正確な数字がわかるのです」(福田さん)

なるほど! モデュロールには、そんな合理性があったのか!

かつて日本の木造建築は、「木割り」という寸法システムでつくられていた。柱の太さや柱間の距離

国立西洋美術館本館

所在地：東京都台東区上野公園7-7
完成：1959年（昭和34年）
設計：ル・コルビュジエ（Le Corbusier）
監理：坂倉準三、前川國男、吉阪隆正、
　　　文部省管理局教育施設部工営課（当時）
施工：清水建設
構造：鉄筋コンクリート造
階数：地下1階・地上3階

建築面積：1587㎡
延べ面積：4399㎡

［前庭改修］
設計：日建設計、マヌ都市建築研究所
施工：清水建設
施工期間：2021年4月～2022年3月

03

を基準として、比例関係などによって各部の寸法をルール化したものだ。大工棟梁の家系では、木割りの秘伝書がつくられ、子孫に伝えられていた。だから何十枚も図面を描かなくても家を建てることができた。モデュロールはいわば、"ル・コルビュジエ版の木割り"だったのだ。

本館の中も外も
ほとんどがモデュロール

実際、本館の外を見ても中を見ても、その寸法はほぼモデュロールの寸法だという。そう聞くと、全ての部位の寸法を当てたくなる。【イラスト5】

そして、前庭の目地割りが「何となく」ではなく、正確なモデュロールでなければならないということ

にも納得がいく。それでこそ世界文化遺産。

そんなことがわかった今ならいえる。この建築のすごさは、「ル・コルビュジエが遠いフランスにいながら、"ル・コルビュジエ版の木割り"によって緻密な空間を実現したこと」なのだ。なんだか日本の魂が宿っているようにも思えてくるではないか。弟子の前川がこれを新館で使わなかったのは謎ではあるけれど……。【イラスト6】

追記：世界文化遺産登録について正確にいうと、2016年、国立西洋美術館本館および園地を含むル・コルビュジエの17の建築作品群が、「ル・コルビュジエの建築作品—近代建築運動への顕著な貢献—」として世界文化遺産に一括登録された。17の建築はフランス、スイス、ベルギー、ドイツ、アルゼンチン、インド、日本の7カ国に点在する。

04
東京メトロ銀座駅

3線3様の光る柱で"脱・迷宮"

目指すは地下！

1934年完成／東京都中央区

気づいたのは、銀座線・銀座駅の改札付近。

あれ、柱光ってる

光る柱に近づいてみると、こんな模様。→

これって、「銀座線」の「G」では?

……と思ったのが2020年10月のリニューアル直後。

【イラスト1】

仕事帰りに、東京メトロ銀座駅で地下鉄を乗り継ぐと、改札やホームの内装がガラッと変わっていた。2020年10月のことだ。ネットで調べてみると、ちょうどその日が新デザインのお披露目日だった。

銀座線→日比谷線ホーム経由→丸ノ内線と地下鉄を乗り継いだ。気づいたのは、銀座線の改札階。あれ、柱が黄色く光ってる！　近寄ってみると、こんな模様だ。【イラスト1】

この模様は、もしかして「銀座線」の「G」？そして、日比谷線のホームに進むと、「むむっ、これは日比谷線のH」？

ならば、丸ノ内線は「M」のはず。丸ノ内線に進むと、やっぱり「M」！

色は各線の車両のカラーだ。銀座線がイエロー、

日比谷線がシルバー、丸ノ内線はレッド。これは説明不要で、各線の利用者なら誰でも気づく。

色については100％間違いないと思ったが、模様の謎解きについては、構内のどこにも説明が見当たらない。ああ、答えが知りたい……。【イラスト2】

そう思ってから早2年。今回の取材で、答えがわかった。「正解です。遊び心に気づいてもらえてうれしいです」と、リニューアル事業の中心になった古賀直紹・メトロ開発技術部担当部長（当時は東京メトロ工務部建築担当部長）もうれしそう。

不満が多かった
銀座線を刷新

リニューアルの設計を担当したのは、日建設計だ。

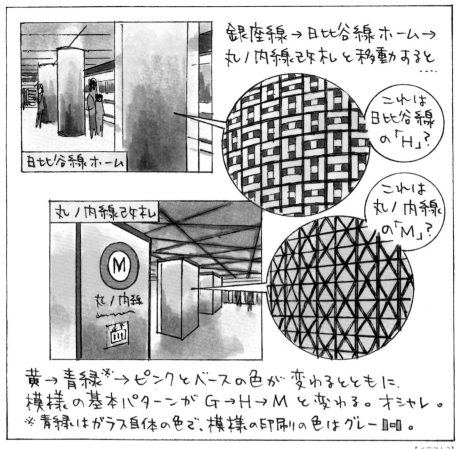

銀座線→日比谷線ホーム→
丸ノ内線改札と移動すると……

これは日比谷線の「H」?

これは丸ノ内線の「M」?

日比谷線ホーム

丸ノ内線改札

M
丸ノ内線

黄→青緑※→ピンクとベースの色が変わるとともに、
模様の基本パターンが G→H→M と変わる。オシャレ。
※青緑はガラス自体の色で、模様の印刷の色はグレー。

【イラスト2】

まず、上野にある東京メトロにうかがって、古賀さんに改修の経緯を聞く。古賀さんによると、十数年前に東京メトロが各線の利用者に実施したアンケート調査で、一番不満が多かったのが銀座線だったという。不満解消のために、銀座線の全駅のリニューアルを計画することになった。刷新のテーマは「伝

銀座線銀座駅の出入り口周辺（写真：ナカサアンドパートナーズ）

統×先端」。その目玉と位置付けたのが銀座駅だ。

　生まれ変わった銀座駅をリポートする前に、なぜ銀座線は不満が多かったのかを知っておいてほしい。軽んじていたわけではなく、歴史に負うところが大きいのだ。

　銀座線は日本で最初に誕生した地下鉄で、1927年（昭和2年）に浅草ー上野間で開業。銀座駅は7年後の1934年（昭和9年）に開業した。

　事業の中心になったのは、早川徳次（1881〜1942年）。「地下鉄の父」と呼ばれる実業家だ。早川は南満州鉄道（満鉄）や鉄道院などを経て、1914年（大正3年）に国際視察で英国・ロンドンの地下鉄を見て感動。東京にも地下鉄が必要だと考えるようになる。

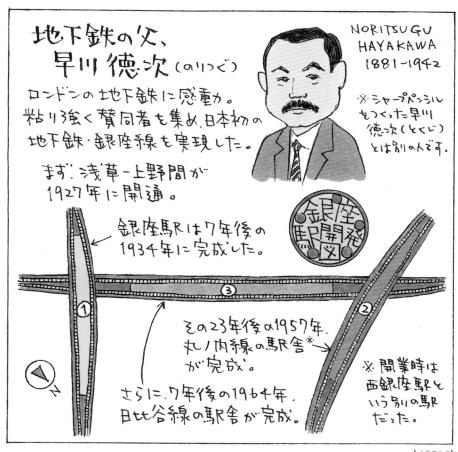

地下鉄の父、
早川徳次（のりつぐ）

ロンドンの地下鉄に感動。
粘り強く賛同者を集め、日本初の
地下鉄・銀座線を実現した。

まず、浅草ー上野間が
1927年に開通。

NORITSUGU
HAYAKAWA
1881〜1942

※シャープペンシル
をつくった早川
徳次（とくじ）
とは別の人です。

銀座駅は7年後の
1934年に完成した。

その23年後の1957年、
丸ノ内線の駅舎※
が完成。

さらに、7年後の1964年、
日比谷線の駅舎が完成。

※開業時は
西銀座駅と
いう別の駅
だった。

【イラスト3】

初の地下鉄ゆえに
小さいトンネル

　孤軍奮闘で賛同者を集め、現在の東京メトロの前身である東京地下鉄道株式会社を創設。1925年に東京地下鉄道上野ー浅草間の工事に着手する。しかし、初の地下鉄ということで、事業性の見極めが難しく、建設費は極力抑えられた。

　そのため、後の地下鉄各線と比べると、トンネル断面が小さい。車両も小さく、ホームの幅も狭い。これまでも改修は行ってきたが、トンネル自体は後から広げることが難しい。「狭い」「混み合う」といった不満の声が多いのはやむを得ないことなのだ。

　そして、銀座駅については、他の駅に増して「わかりにくい」という声が多かった。確かに、筆者の実感としても銀座駅はわかりにくい。東京の人間でもそう思うのだから、地方から初めて来た人などはさぞやわかりにくいだろう。

　これまで考えたことがなかったが、銀座駅は平たい横長の「H」形をしている。1934年に出来た銀座線の駅舎を左の縦棒とすると、右の縦棒が1957年にできた丸ノ内線の駅舎（当時は「西銀座駅」）だ。1964年に両線をつなぐ形で日比谷線の駅舎が完成し、現在の形がほぼ出来上がった。【イラスト3】

邪魔なものを取り除き
見通しを良く

　歴史をざっくり知ったところで、刷新された銀座

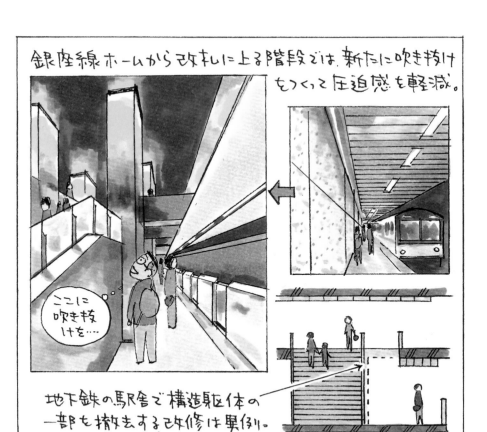

銀座線ホームから改札に上る階段では、新たに吹き抜けをつくって圧迫感を軽減。

ここに吹き抜けを……

地下鉄の駅舎で構造躯体の一部を撤去する改修は異例。このプロジェクトの意気込みが伝わる。

【イラスト4】

改札が見えない。

銀座線改札の改修前

吸い込まれる！

銀座線改札の改修後（写真：ナカサアンドパートナーズ）

駅を歩いてみよう。改修設計の中心になった日建設計の須賀博之さんが案内してくれた。

　まずは、銀座4丁目交差点にあるA2出入り口から地下に下り、銀座線の改札に向かう。黄色く光る柱の列が改札まわりに集中しているので、滑走路の誘導灯のように、自然に足が向かう。わかり

やすい。

　「柱が光る」からわかりやすいのだと思っていたのだが、それだけではないという。須賀さんが改修前の写真を見せてくれた。あっ、券売機と広告の看板で改札が見えない。

　そう、今回の改修は、「柱が光る」という以前に、

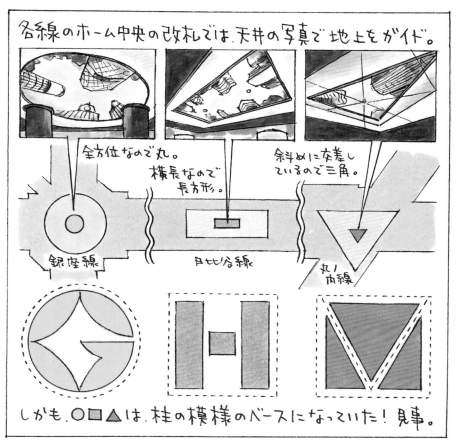

各線のホーム中央の改札では、天井の写真で地上をガイド。

全方位なので丸。

横長なので長方形。

斜めに交差しているので三角。

銀座線

日比谷線

丸ノ内線

しかも、○□△は、柱の模様のベースになっていた！見事。

【イラスト5】

「空間が見えるように、余計なものを取り除き、見通しをよくする」ことが重要だった。こういう位置替え作業をあらゆる場所で粘り強く実施し、空間の見通しをよくした。そのうえで、各線のラインカラーを柱に施したので、誘導効果が高くなっているのだ。

そして改札内へ。ホームへ降りる前に天井を見上げてみよう。なんとなく見覚えがある建物の写真が円形に配置されている。地上に出るときの方向がイメージしやすいように、それぞれの方角のランドマークとなるビルをプリントしたのだ。ホームから階段を上ってくる人は、首を上げなくても自然に気づく。ナイスアイデア。

改札階の階段を下りて、ホームへ。この階段にも改修のうんちくポイントがある。毎日利用している人は気づいているかもしれないが、ここは階段の壁と改札階の床の一部を撤去して、吹き抜けをつくった。【イラスト4】

前述のように既存のホームの幅を広げることは難しいので、ここでは吹き抜けによって空間の開放感

銀座線改札階の天井見上げ（写真：ナカサアンドパートナーズ）

37

おや、この銅像は？
頭が天井に当たりそう。
↓名前が読めない… うーん.
@日比谷線
改札階

像 彦 徳川早 歌社

答えは.地下鉄の父.早川徳次
の像。1941年制作。作者
はなんと.朝倉文夫。

こちらは銀座線改札に近いA2出入り口
に立つ日建設計の須賀さん。
銀座駅解説ツアー、
楽しかったです。

【イラスト6】

と視認性を高めた。地下鉄の駅舎で構造躯体の一部を撤去するのは異例のことだという。

　銀座線から日比谷線に向かう階段では、階段に面して設置されていた巨大な広告看板を取り外して見通しをよくした。

広告看板を撤去した階段（写真：ナカサアンドパートナーズ）

天井写真に隠された「形の遊び」

　銀座線のホームの柱はグレー基調。遠目に見ると青緑っぽく見えるのは、ガラス自体が緑色を帯びているためだという。日比谷線の改札階の天井にも、ランドマークとなるビル群の写真がある。これは円形ではなく、細長い四角形だ。

　日比谷線から丸ノ内線ホームへ。丸ノ内レッドに光る柱を見ながら、改札階へ向かう階段を上ると、天井にはやはりランドマークとなるビル群。むっ、今度は三角形。そうか、銀座線〇、日比谷線□、丸ノ内線△という形の遊びがあったのか。それは気づかなかった。

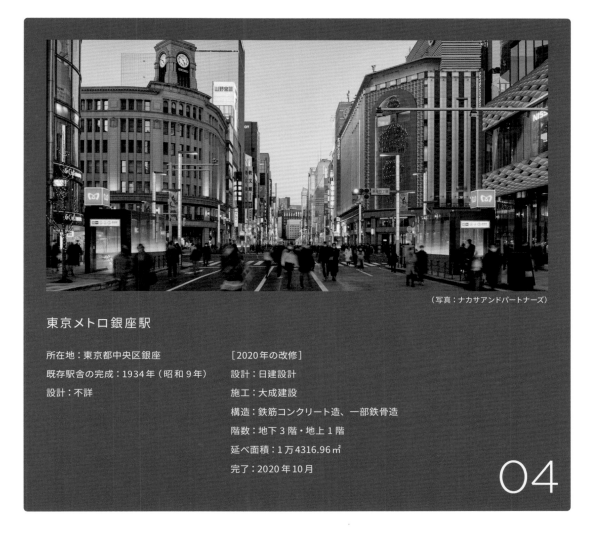

（写真：ナカサアンドパートナーズ）

東京メトロ銀座駅

所在地：東京都中央区銀座
既存駅舎の完成：1934年（昭和9年）
設計：不詳

［2020年の改修］
設計：日建設計
施工：大成建設
構造：鉄筋コンクリート造、一部鉄骨造
階数：地下3階・地上1階
延べ面積：1万4316.96㎡
完了：2020年10月

04

でも、どうせなら丸ノ内線を〇（丸）にすればいいのに……。設計担当の須賀さんいわく、「各線の空間を明確にしたことで自然に出てきた形」とのこと。つまり、こういうことだ。【イラスト5】

3線の見学を終え、地上に出ると数寄屋橋交番近くのC4出入り口だった。夜の数寄屋橋に丸ノ内レッドの光が映える。

影が薄い銅像は
東京の大恩人

ところで、今回の取材で、日比谷線の改札階通路に銅像があることを知った。名前らしき部分に目を凝らすと、「像〇徳川〇〇社」（〇は難しくて読めない）。徳川関係の人？【イラスト6】

須賀さんが教えてくれた。「地下鉄の父、早川徳次（のりつぐ）さんですよ」。そうか、この名前は右から読むのか。私が「G」という謎解きに気づいて興奮したように、早川のことを知っている人にとって、この影の薄い銅像はテンション急上昇アイテムかもしれない。

改修でわかりやすくなったとはいえ、謎めいた部分はちらほらと残っている。それでいいのだ。いや、それがいいのだ。それこそが「新築」にはない、「ヘリテージ建築」の魅力の1つなのだから。

ガラス越しに見える既存躯体
（写真：ナカサアンドパートナーズ）

05
京都市役所本庁舎

免震改修で伝える「五二」流バロック

フランク・ロイド・ライトみたい！

1931年完成／京都市中京区

京都市役所本庁舎は、武田五一の監修の下、1927年に第1期が、1931年に第2期が完成。現在のこういう形になった。

自信に満ちあふれた顔

武田五一
東京帝国大学卒業後、欧州に留学し、後に京都帝国大学建築学科を創設したエリート中のエリート。自分に厳しく、人にも厳しい。学生からは「因業五一」とも呼ばれた。

1872-1938

【イラスト1】

京都市役所本庁舎は建築家・武田五一（1872〜1938年）の監修の下、鉄筋コンクリート造の第1期が1927年（昭和2年）4月に竣工した。さらに1931年（昭和6年）に第2期の本庁舎西館を建設。現在の本庁舎の形になった。

武田は、広島県福山市出身。京都帝国大学建築学科を創設した偉い建築家で、京都大学キャンパス内に数多くの建築が残る。「関西近代建築の父」と称されることも多い。

京都市役所本庁舎の設計は、「顧問」という立場の武田の監修の下、京都市営繕課が行い、意匠は主に嘱託職員であった中野進一が当たった。中野は京都帝国大学建築学科卒で、武田の教え子だ。主要な部分は武田の思いを中野が図面化したと考えるのが順当だろう。

あだ名は「インゴーゴイチ」

武田は、東京帝国大学造家学科出身。当時の東京帝大造家学科には、辰野金吾を中心とするそうそうたる教授陣がいたが、武田は卒業論文「茶室建築」と卒業設計「音楽学校とコンサートホール」により、首席で卒業した。

大学院に進み、1899年には東京帝大助教授に就く。1901〜1903年には英国を中心とする欧州に留学。帰国後すぐに京都高等工芸学校（現・京都工芸繊維大学）教授となり、1918年には、名古屋高等工業学校（現・名古屋工業大学）の校長と

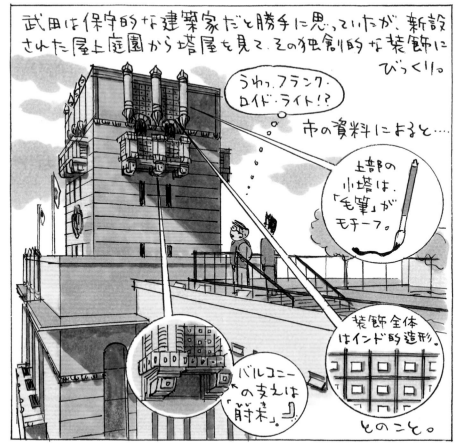

武田は保守的な建築家だと勝手に思っていたが、新設された屋上庭園から塔屋を見て、その独創的な装飾にびっくり。

うわっ、フランク・ロイド・ライト!?

市の資料によると……

上部の小塔は、「毛筆」がモチーフ。

バルコニーの支えは「肘木」。

装飾全体はインド的造形。

とのこと。

【イラスト2】

して名古屋に転任。さらに1920年、京都帝国大学工学部の建築学科の創設とともに教授となって京都に戻り、1938年に亡くなるまで京都で過ごす……というエリート中のエリートであった。

その授業たるや、厳しいことで有名で、学生たちは「インゴーゴイチ（因業五一）」といいながら製図をしていたというエピソードが伝わる。若い人は「因業」という言葉を知らないかもしれないので補足しておくと、「頑固で無情なこと」「仕打ちのむごいこと」という意味である。【イラスト1】

新設された屋上庭園で
びっくり

そんなすごい教育者であることは、筆者もなん

となく知っていた。エリート過ぎるプロフィルから、勝手に「辰野金吾の流れを関西に広めた保守的な建築家」と思っていた。京都市役所本庁舎も何度となく前を通っていたが、中に入ったことはなかった。ちょっと威圧的な外観だし……。

しかし今回、新設された本庁舎の屋上庭園から、

屋上に上ろう！

屋上庭園から塔屋を見る

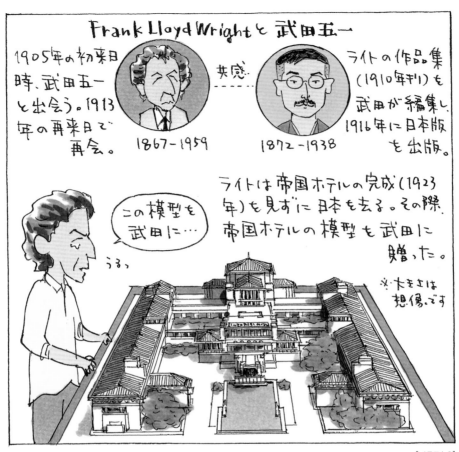

【イラスト3】

塔屋の周りの装飾を間近に見て大反省。なんだこのデザインは！【イラスト2】

　京都市役所本庁舎のデザインは、一般的には「ネオ・バロック様式」に属するとされる。バロックというのは16世紀末から17世紀初頭にかけてヨーロッパに広まった装飾過多の建築スタイル。ネオ・バロックは18世紀後半から19世紀になってそれを復興しようとする流れで、各国で国家建築に採用された。日本でもネオ・バロック様式は、官庁建築の正統的様式として多くの施設に使われた。

　というのが、この建築の正しいデザイン解説であるわけだが、屋上庭園から見える装飾は、筆者には「ヨーロッパのまね」とはとても思えなかった。

　公式資料によれば、塔屋に並ぶ小塔は、「毛筆」をかたどったものという。なるほど、そういわれると、そんな気も。壁面に凸凹を付けた塔屋（毛筆も含めた全体）はインドをモチーフにした造形とのこと。ふーん。そして、小塔の下のバルコニーの支持部の「肘木」は日本に定着した中国的なモチーフ。へー、そうなのか。

ライトと武田の深いつながり

　そんな読み解きは筆者にはとてもできないが、武田が留学したヨーロッパのパクリでないことは筆者にもわかる。これらの装飾を見て筆者が思ったのは、アジア的というよりも「まるで古代遺跡！フランク・ロイド・ライトみたい！」ということであった。

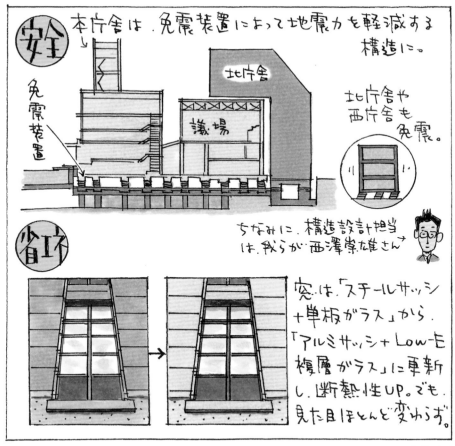

安全　本庁舎は、免震装置によって地震力を軽減する構造に。

免震装置

地庁舎

地庁舎や西庁舎も免震。

議場

ちなみに、構造設計担当は、我らが西澤崇雄さん→

省エネ

窓は「スチールサッシ＋単板ガラス」から、「アルミサッシ＋Low-E複層ガラス」に更新し、断熱性UP。でも、見た目ほとんど変わらず。

【イラスト4】

　こういう勘は当たるもので、調べてみると武田とライトには接点があった。

　日本に強い憧れを抱いていたライトは、1905年の初来日で全国を精力的に視察し、そのとき、武田に出会った。ライトは1867年生まれで武田より5歳上だが、互いの建築姿勢に意気投合。1913年の再来日でも再会し、ヴァスムート社刊の作品集を武田に贈った。それを1916年、武田が編集して日本で最初のライトの作品集を出版させた。

　ライトは1914年に帝国ホテルの設計を依頼され、翌年に東京事務所を開設。施主と大もめして日本を離れるとき、ライトは武田に帝国ホテルの石こう模型を贈ったという。【イラスト3】

　帝国ホテルの建設は弟子の遠藤新の指揮のもとで続けられ、1923年に竣工した。この頃のライトは、マヤ遺跡に代表されるネーティブ・アメリカンの装飾に強い影響を受けていて、帝国ホテルも大谷石を彫ったマヤ風の装飾がこれでもかと使われていた。

独自の装飾を目指したライトと武田

　当時、ドイツではバウハウス流のモダニズム建築が提唱され実現されつつあった。ヴァルター・グロピウスやミース・ファン・デル・ローエらによるツルっとした建築だ。これに対して、ライトの建築は"ライト様式"と呼ばれることもあるように、ライト独自の装飾的な空間が特色だ。

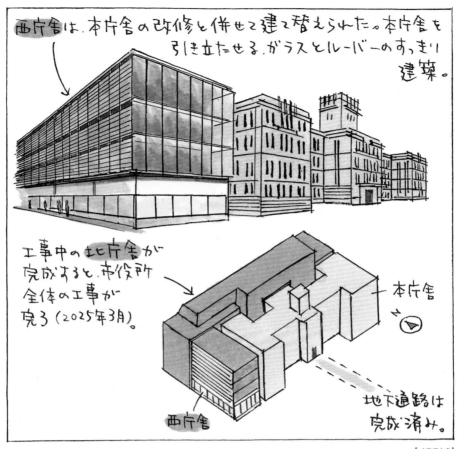

西庁舎は、本庁舎の改修と併せて建て替えられた。本庁舎を引き立たせる、ガラスとルーバーのすっきり建築。

工事中の北庁舎が完成すると、市役所全体の工事が完了(2025年3月)。

本庁舎

西庁舎

地下通路は完成済み。

【イラスト5】

京都市役所本庁舎は帝国ホテルの4年後の竣工。ライトの作品集までつくった武田が影響を受けていないはずがない。ライトと同様に、ヨーロッパの歴史とは違うモチーフを取り入れ、独自の装飾的な建築を目指したのだろう。

それは、室内を見てもよくわかる。エントランスホールのアーチは、葱花形アーチ（そうかがた）と呼ばれ、イスラム的な影響とされる。そして、コーナー部のシマシマ装飾や柱の足元のランダムなタイル張り。ライトも称賛しそうなグラフィカルな装飾だ。

本庁舎は免震改修のうえ、意匠を再現

今回、ここでようやく案内役の西澤崇雄さんが登場する。本庁舎は、執務室の狭あい化や設備の老朽化、耐震性能の不足などから、一時は解体して建て替える話も持ち上がっていた。それが、残して使う方向となり、日建設計の設計で本庁舎の改修工事と西庁舎の建て替え工事が進められた。2021年9月から供用を開始している。

たまねぎ？

エントランスホール

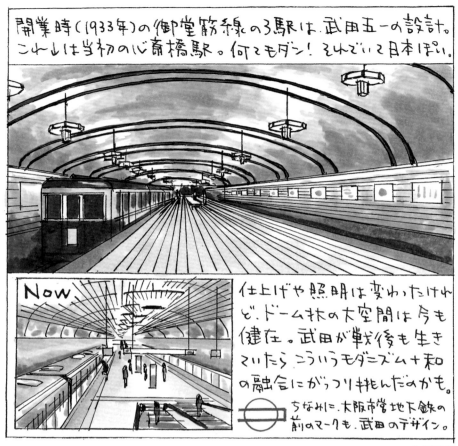

開業時（1933年）の御堂筋線の3駅は、武田五一の設計。
これは当初の心斎橋駅。何とモダン！ それでいて日本ぽい。

Now.

仕上げや照明は変わったけれど、ドーム状の大空間は今も健在。武田が戦後も生きていたら こういうモダニズム＋和の融合にがっつり挑んだのかも。

ちなみに、大阪市営地下鉄の前のマークも、武田のデザイン。

【イラスト6】

本庁舎の改修のポイントはいくつかある。1つは、「免震」によって地震の揺れを軽減したこと。免震について詳しくは、「名古屋テレビ塔」（8ページ）を参考にしてほしい。ちなみに、本庁舎での免震を含む構造設計を担当したのは、西澤さんだ。【イラスト4】

本庁舎改修のもう1つのポイントは、事務室としての機能を現代の使用レベルに合わせながらも、かつての特徴的な装飾を可能な限り、再現したこと。丸ごと再現した「正庁の間」という部屋もある。

建て替え部は すっきりデザイン

日建設計は、既に供用を開始した西庁舎と、現在建設中の北庁舎の設計も担当。全体の完成は

竣工当時を復元した
正庁の間

2024年度（2025年3月）の予定だ。

日建設計は、西庁舎、北庁舎とも、ガラスとルーバー（板状の材料を隙間を空けて並べたもの）によ

京都市役所本庁舎

所在地：京都市中京区上本能寺前町488

完成：1927年（第1期、昭和2年）、1931年（第2期、昭和6年）

設計：武田五一（竣工時顧問）、

　　　中野進一（京都市営繕課、竣工時設計）

施工：山虎組・松井組・松村組（第1期）、

　　　津田甚組（第2期）

構造：鉄筋コンクリート造

階数：地下2階・地上4階

［2021年の改修］

設計：日建設計

施工：大成建設・古瀬組・吉村建設工業JV

完了：2021年8月

05

るすっきりデザインでまとめた。いろいろな方法があるとは思うが、現代らしい回答だと思う。武田が生きていたら、きっとバロックではなく最先端のデザインで増築したと思う。【イラスト5】

　そう思うのは、筆者が勝手に「保守的な建築家」と思っていた武田の主要プロジェクトの中に、「今見てもモダン！」というすっきりデザインの空間があるからだ。

武田による
モダニズムの傑作

　それは、大阪の御堂筋線の駅だ。東京の銀座線に次ぐ日本で2番目の地下鉄として1933年、梅田－心斎橋間が開業した。開業時の3駅（梅田駅、淀屋橋駅、心斎橋駅）はいずれも武田の設計で、地下の大空間が印象的。上り下りのホームを1つにまとめることにより、高い天井で包まれ、ホームに柱がないモダンな空間だ。【イラスト6】

　武田は御堂筋線開通の5年後に亡くなるが、ライトは戦後まで生きて、グッゲンハイム美術館（1959年）のようなツルツルすっきり建築を実現する。ライトが日本の親友に影響を受け、「オレだってモダニズムやってやる！」と思ったのかもしれない。

　京都市役所に行く人は、ぜひ本庁舎の屋上庭園から塔屋の装飾を間近に見て、あなたなりの物語を想像してほしい。

超高層ビルの未来形！

1974年完成（新宿住友ビル）／東京都新宿区

（写真：大成建設）

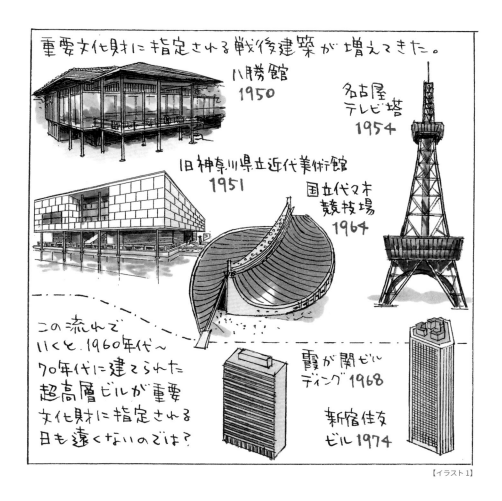

重要文化財に指定される戦後建築が増えてきた。

八勝館
1950

名古屋
テレビ塔
1954

旧神奈川県立近代美術館
1951

国立代々木
競技場
1964

この流れで
いくと、1960年代〜
70年代に建てられた
超高層ビルが重要
文化財に指定される
日も遠くないのでは？

霞が関ビル
ディング 1968

新宿住友
ビル 1974

【イラスト1】

　戦後に建てられた現代建築で国の重要文化財に指定されるものが増えてきた。例えば、電波塔からホテルへと大変身を遂げた「名古屋テレビ塔」（8ページ参照）もその1つ。2022年12月に重要文化財となった。

　神社仏閣と違い、戦後の建築は「使い続ける」ことに意味がある。そのためには時代に合わせた変化も必要だ。名古屋テレビ塔が重要文化財となったのは、国（文化庁）がそういう姿勢を後押ししている証左と見ることができる。

　今の流れでいくと、超高層ビルが重要文化財に指定される日が来ても不思議はない。【イラスト1】

　日本で初めて高さ100mを超えた超高層ビル「霞が関ビルディング」（1968年）は歴史的重要性か

完成当初の航空写真（写真：新建築社）

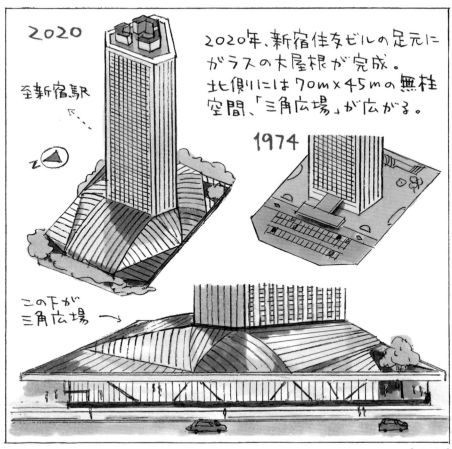

2020

至新宿駅

2020年、新宿住友ビルの足元に
ガラスの大屋根が完成。
北側には70m×45mの無柱
空間、「三角広場」が広がる。

1974

この下が
三角広場 →

【イラスト2】

ら見て最有力候補として、今回訪ねた「新宿住友ビル」（1974年）も、「使い続けるために変化を遂げた超高層ビルの先駆け」として同様に有力な候補になると筆者は考えている。同ビルは2020年、大規模な改修工事を終え、最先端の都市的建築に生まれ変わったのだ。

タワーの足元に
ガラスの大屋根

　新宿住友ビルは、日建設計が設計を担当し、鹿島・竹中工務店・住友建設の3社JVの施工により、1974年に竣工した。印象的な三角形の外観から「三角ビル」の愛称で親しまれてきた。

　今回の目的地は、2020年7月にお披露目となっ

改修後の外観（写真：エスエス）

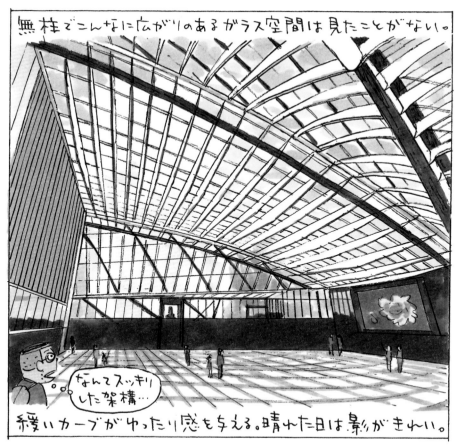

無柱でこんなに広がりのあるガラス空間は見たことがない。

なんてスッキリした架構…

緩いカーブがゆったり感を与える。晴れた日は影がきれい。

【イラスト3】

たイベントスペース「三角広場」だ。ビルの足元に、ガラス屋根で覆った、全体で約 6700 ㎡の屋内大空間を新設した。見た目にはわからないように、タワー部の揺れを抑える制振改修も同時に行った。

改修の基本構想と総合監修は、所有者である住友不動産が自ら担当。基本設計と実施設計を原設計者である日建設計が、実施設計と施工を大成建設が手掛けた。施工期間は 2017 年 9 月〜2020 年 6 月。3 年弱を要する大工事だったが、工事のためにビルを休館することはなく、オフィステナントの移転すらしていない。"使いながら"行う超高層ビルのリニューアル工事は珍しい。【イラスト2】

ガラスの大屋根は、ビル足元の空地全体を覆っている。「三角広場」と名付けられた、大きなまとまっ

たスペースが実現できたのは、かつて北側の 2 階にあった屋外駐車場や車寄せなどを、外周部の車路躯体を残して解体できたからだ。

1980 年代半ば以降、大型ビルの足元に「アトリウム」と呼ばれるガラス張りの大空間が増えた。ガラスの大空間は見慣れてきたとはいえ、途中に柱がないこれほど大きなガラス屋根を見たのは初めてだ。ガラス面が比較的低い位置に広がるので、ガラスに包まれている感が強い。【イラスト3】

アトリウムは
自立している

建築関係でない人は驚くかもしれないが、このアトリウムは構造的に独立している。超高層ビルに寄

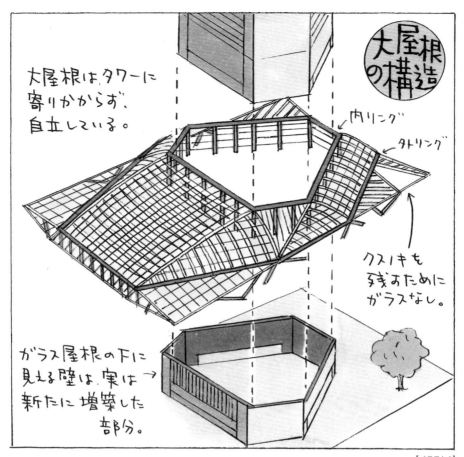

大屋根はタワーに寄りかからず、自立している。

大屋根の構造

内リング

外リング

クスノキも残すためにガラスなし。

ガラス屋根の下に見える壁は、実は新たに増築した部分。

【イラスト4】

クスノキを残したまま工事!

保存樹まわり

南東側のアトリウム内

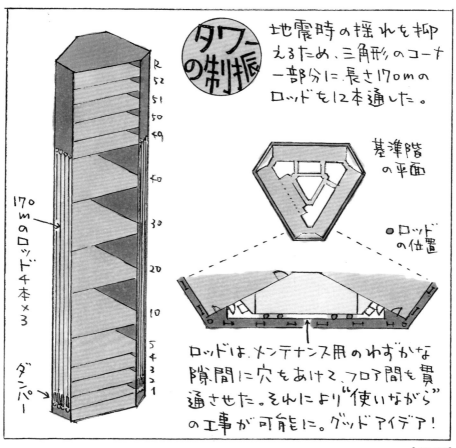

タワーの制振

地震時の揺れを抑えるため、三角形のコーナー部分に長さ170mのロッドを12本通した。

170mのロッド4本×3

ダンパー

基準階の平面

●ロッドの位置

ロッドは、メンテナンス用のわずかな隙間に穴をあけて、フロア間を貫通させた。それにより"使いながら"の工事が可能に。グッドアイデア！

【イラスト5】

りかかっているのではなく、ガラスの大屋根部分だけで自立しているのだ。これにより、既存のタワーに地震の影響を与えない。広場内に見えるタワー壁面は、既存の壁ではなく、新たに増築した部分である。【イラスト4】

　ガラスの大屋根に1カ所だけ覆われていない部分が設けられている。保存樹のクスノキが、ガラス屋根の構造体の間から顔をのぞかせている。

　このクスノキは竣工時からこの位置にあり、これを残したまま工事を進めた。ただでさえ難しい工事なのに、この保存樹を残すためにどれだけ神経を使ったかを考えると、施工者たちに頭が下がる。

　現地を案内してくれたのは住友不動産ビル事業本部企画管理部チーフエンジニアの山田武仁さん。

山田さんに聞いた話で特に驚いたのが、プロジェクトのスタート時期だ。「大屋根構想」の検討は、なんと四半世紀前の1996年から始まっていたという。

四半世紀前から
理想像を追求

　タワーの足元の広場は、西新宿の高層ビルが立ち並ぶ影響で、風雨やビル風に悩まされていた。20年たった頃にはすでに、「東西地区間回遊」や「地上地下の回遊」によって街のにぎわい再生を図ることが重要課題となっていた。その解決のため、日建設計を交えてガラスのアトリウムが検討された。当時のイメージ図を見せてもらうと、都市計画や建築基準法などの制約条件から、アトリウムにできる

本文では触れていないけど、タワー1階中央部
（コンコース）の万華鏡みたいな天窓は健在。
見上げるだけでなく、床の映り込みに注目↓

天窓
↓

おおっ
萌える！

【イラスト6】

範囲が限られている。

「大屋根構想」に強い思いを抱き、理想像と実現に自ら陣頭指揮を執っていたのは、住友不動産の高島準司前会長であったという。

自身も一級建築士である山田さんは、当初からこのプロジェクトの担当で、日建設計と共に大屋根の案を考えてはプレゼンし、その度に「理想像とは何か、これを追求せよ」と突き返されていたという。

「この方法ならいけるかも」と山田さんが手応えを得たのは、タワー本体の改修方法に道筋が見えたときだった。前述のように、今回の工事は三角広場の新設とタワー部の揺れを抑える制振改修を同時に行っている。2011年の東日本大震災の教訓から、大地震時の長く大きな揺れ（長周期地震動による揺れ）を抑えるニーズが高まっていた。しかし、そうした改修では、制振装置を加えるためにオフィスフロアをつぶしたり、工事中にオフィステナントをいったん別のフロアや別のビルに移したりすることが一般的である。

使いながらの工事を
可能にしたアイデア

ここでは新たな制振システムを用いた。49階と2階を長い鋼製のロッド（棒）でつなぎ、2階部分に、揺れのエネルギーを吸収するダンパーという装置を設置するものだ。ロッドは直径267mmで、長さ約170m。各コーナーに4本ずつ計12本配置した。【イラスト5】

(写真：©DINO-A-LIVE AMAZING DINOSAURS ART EXHIBITION ON-ART Corp.)

新宿住友ビル

所在地：東京都新宿区西新宿 2-6-1
完成：1974 年（昭和 49 年）
発注：住友不動産
設計・監理：日建設計
施工：鹿島・竹中工務店・住友建設 JV
構造：鉄骨造・鉄筋コンクリート造・鉄骨鉄筋コンクリート造
階数：地下 4 階・地上 52 階
高さ：210 m
延べ面積（当初）：17 万 6443.21 ㎡

［三角広場および全体改修］
発注・基本構想・総合監修：住友不動産
基本設計・実施設計・監理：日建設計
実施設計・監理・施工：大成建設
延べ面積：18 万 195.16 ㎡
アトリウム面積：約 6700 ㎡（うちイベントスペース約 2600 ㎡）
天井高：約 25 m（有効 22 m）
アトリウムの最大収容人数：約 2000 人
施工期間：2017 年 9 月〜2020 年 6 月

06

　この手法はどの超高層ビルでもできるものではない。新宿住友ビルには、3 カ所のコーナー部に設備メンテナンス用のバルコニーがあり、その床に穴を開けてロッドを貫通させることを発案した。ダンパーは 2 階と低い位置で外部から設置したため、テナントを移転させずに工事を進めることが可能になった。

　今回のリポートはかなり技術的な話になったが、伝えたかったのは、事業主のビジョンの重要性だ。長く使われる建築は、建築家の思いだけでは実現しない。技術の突破口を開く原動力となるのは、「理想」を追い求める事業主の思いだ。もし、このビルが構想当初の法規内で検討した案でアトリウムを増築していたらどうだったか。それはそれで話題になっ

たとは思うが、「帰宅困難者の受け入れ」といった現代の都市的ニーズには答えられなかっただろう。

　「超高層ビル解体」のニュースが当たり前になりつつある昨今、「巨大な超高層ビルこそ長く使い続けるヘリテージである」というメッセージを、この三角広場は発信している。【イラスト 6】

07

秋田市文化創造館

生還した"無名の名建築"のきらめき

三角屋根は街のシンボル！

1966年完成／秋田市

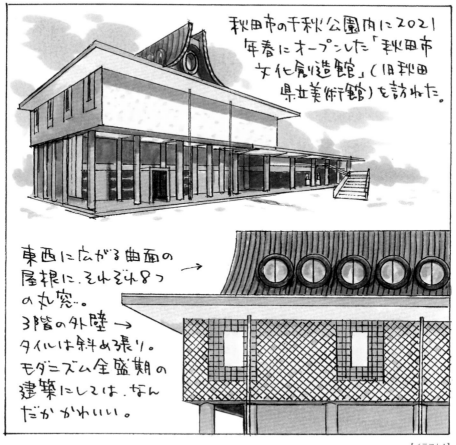

秋田市の千秋公園内に2021年春にオープンした「秋田市文化創造館」(旧秋田県立美術館)を訪れた。

東西に広がる曲面の屋根に、それぞれ8つの丸窓。
3階の外壁→タイルは斜め張り。モダニズム全盛期の建築にしては、なんだかかわいい。

【イラスト1】

「解体されて駐車場になるところだったんです」と、施設を運営するNPO法人アーツセンターあきた事務局長の三富章恵さんはいう。今の活気ある使われ方を見ると、そんな言葉は信じられない。

だが、実際、危なかった。筆者も改修される前のもとの建物を知っていて、てっきり解体されるものだと思っていた。今回は、秋田市・千秋公園内にある「秋田市文化創造館」の"瀬戸際からの大逆転劇"をお伝えしたい。【イラスト1】

美術館建設が戦争でとん挫
戦後にリベンジ

改修前の建物は、「秋田県立美術館」だった。現在の秋田市文化創造館は秋田市の所有だが、も

ともとは秋田県の建物だったのである。この美術館には別名があって、「平野政吉美術館」とも呼ばれていた。

平野政吉(1895〜1989年)は、秋田市で米穀商を営む資産家で、美術品のコレクターだった。フランス・パリで活躍した画家・藤田嗣治(1886〜1968年)と交友が深く、多くの作品を所有していた。

藤田の才能にほれ込んでいた平野は、1936年に藤田の妻・マドレーヌが急逝した際、その鎮魂のために秋田市に美術館を建設することを計画する。そのために藤田の大作を数多く購入。一方の藤田は美術館に飾るための壁画の制作を進めた。美術館は1938年春、秋田市八橋の日吉八幡神社境内で着工した。だが、戦時体制下となり、まもなく

2階に向かう階段の下に2人の銅像発見。1人は.オカッパ頭ですぐわかる.世界的画家の藤田嗣治。もう1人は藤田のパトロン.秋田の実業家.平野政吉。

Léonard 1886-1968
Tsuguharu Foujita

Masakichi
Hirano 1895-1989

美術館だったときには.平野の依頼で藤田が描いた大作「秋田の行事」などが→展示されていた。

1937年制リ作。幅20.5m

【イラスト2】

工事は中止された。【イラスト2】

　それから約30年たった1967年、平野は長年収集した美術品を公開するために財団法人平野政吉美術館を設立。同年5月には、平野のコレクションなどを展示するために秋田県立美術館が開館した。1937年に描かれた壁画「秋田の行事」などの藤田作品がずらりと展示された。

　建物の特徴は屋根だ。富士山の稜線（りょうせん）のように東西両側に広がり、側面に丸窓が並ぶ。その独特の屋根は、藤田が平野に助言したものだったという。

　屋根の下の2階展示室は、壁画「秋田の行事」を展示するための部屋で、曲面の天井に丸窓から光が差し込み、やわらかい反射光で室内を満たす。画家は普通、自身の作品に自然光が当たることを

曲面に自然光！

屋根の中央部（上）と改修後の2階の天窓（下）

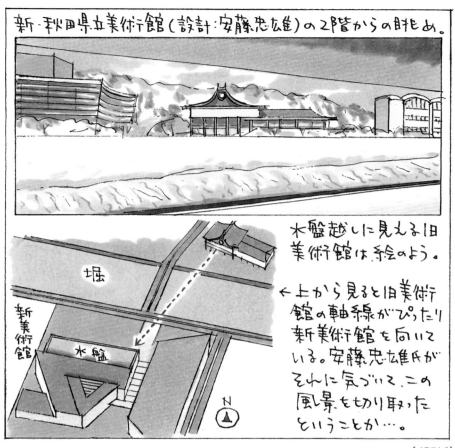

新・秋田県立美術館（設計：安藤忠雄）の2階からの眺め。

水盤越しに見える旧美術館は絵のよう。

←上から見ると旧美術館の軸線がぴったり新美術館を向いている。安藤忠雄氏がそれに気づいて、この風景を切り取ったということか…。

堀

新美術館

水盤

N

【イラスト3】

嫌うものだが（絵の具が退色しやすくなる）、画家自らがこれほど大胆に自然光を入れることを望むのは珍しい。

　藤田は同時期にフランスで、自身が建物のデザインから内部の壁画まで全てを手掛けた「平和の聖母礼拝堂」（フジタ礼拝堂、1966年）の建設を進めていた。この礼拝堂内は壁画に自然光が当たる設計だ。藤田は「秋田の行事」の部屋も、展示室というより"祈りの場"をイメージしていたのかもしれない。

安藤忠雄氏設計の新美術館から見ると…

美術館の開館から40年以上がたち、建物が老

朽化したことから、県は2013年、堀をまたいだ日赤病院などの跡地に美術館を移転した。目玉の壁画「秋田の行事」もそちらに移った。新たに建てられた秋田県立美術館は安藤忠雄氏の設計で、大きな話題となった。

　筆者は2013年、この新・秋田県立美術館を見に行った。そのとき、旧・秋田県立美術館の存在を知った。なぜ知ったかというと、新美術館の2階ラウンジから旧美術館がよく見えるからだ。安藤氏らしい水盤の向こうに、旧美術館の三角屋根が絵のように浮かぶ。「なんて美しい借景。これは旧美術館へのリスペクトに違いない！」と筆者は直感した。【イラスト3】

　その直感は当たっていた。

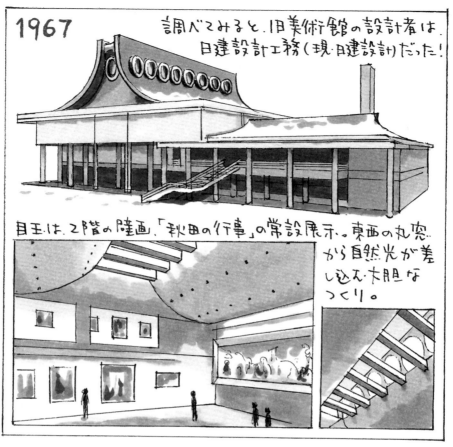

1967
調べてみると、旧美術館の設計者は、
日建設計工務（現・日建設計）だった！

目玉は、2階の陸画「秋田の行事」の常設展示。東西の丸窓、から自然光が差し込む大胆なつくり。

【イラスト4】

三角天井は世界のANDO。

安藤氏は雑誌発表時に、「2階のラウンジからは水庭越しに、千秋公園とその緑の中に溶け込むその旧美術館を望む」と書いている（『新建築』2017年7月号から引用）。そして、こうも書く。「この三角形は、県民の心の風景として強く焼き付いているであろう、旧美術館のとんがり屋根を意識したものである」。

「この三角形」というのは、エントランスの三角形の吹き抜けのことだ。

新美術館のエントランス

コロナ禍に再オープン
「秋田市文化創造館」に

筆者が旧美術館を知った時、施設はすでに閉鎖されており、中に入れなかった。聞けば、遠からず解体されるという。ああ、なんてもったいないことを……。

そんなことを思ってから8年。コロナ禍の2021年3月21日、旧美術館が「秋田市文化創造館」として再オープンしたというニュースを目にした。

この施設を報じるメディアの記事はどれも熱を帯びていた。きらりと光るものがあるに違いない。気になる。

ちょうどその頃、この連載が始まり、調べていたらあることに気づいた。旧美術館の設計者は日建

まるで教会のよ
うな2階のスタジオ
A1（旧常設展示室）

もとの建築に
人を引き寄せる
強さがありま
した。

改修アド
バイザーの
小杉さん

思いもよら
ない使い方を
求めています。

事務局長
の三富
さん

ここにあった「秋田
の行事」は新美
術館へ。

【イラスト5】

設計だったのだ。正確には現社名（1970年〜）に
なる前の完成なので、「設計：日建設計工務」だ。

先ほど、画家の藤田が屋根の形を助言したと書
いたが、建築士の資格を持たない藤田が建物全体
を設計できるわけではない。建築設計者として日
建設計工務が関わっていたのだ。ちなみに、この
ことは日建設計の人でも知らない人が多いらしい。
とにかく、これで取材する理由ができた。筆者は
小躍りした。【イラスト4】

よくある保存ではない
2つのポイント

冒頭に書いたように、瀬戸際からの生還だった。
新美術館を建てることが決まった時点では、付近

の駐車場不足から、解体して駐車場にする可能性
が濃厚だった。これに対し、市民の中から保存活
用を求める声が上がった。

ああ、よくある保存運動ね、と思われるかもし
れないが、「よくある」とはちょっと違う。1点目は
建物が戦後にできたモダニズム建築で、国や自治
体の文化財に指定されるような"歴史的建造物"
ではないこと。保存の声を上げた人たちは「誰が
設計したか」とか「文化財的価値がどうだ」とかよ
りも、「この場所に必要だから」とピュアに保存を
求めたのである。

旧美術館の活用の方向性に光が差したのは、新
美術館の開館から2年後の2015年。県が旧美術
館の西側にある県民会館と市文化会館を合築して

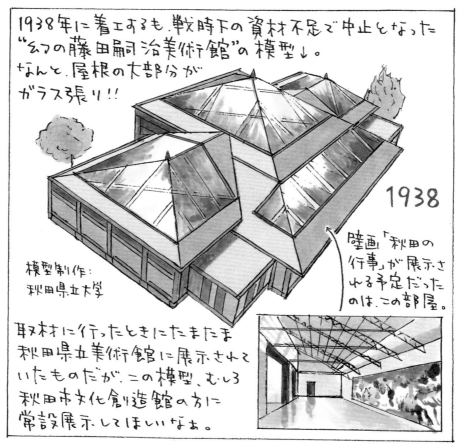

1938年に着工するも、戦時下の資材不足で中止となった
"幻の藤田嗣治美術館"の模型↓。
なんと、屋根の大部分が
ガラス張り!!

1938

模型制作：
秋田県立大学

壁画「秋田の
行事」が展示さ
れる予定だった
のは、この部屋。

取材に行ったときにたまたま
秋田県立美術館に展示されて
いたものだが、この模型、むしろ
秋田市文化創造館の方に
常設展示してほしいなぁ。

【イラスト6】

建て替えることを契機に、市が周辺エリア全体を「芸術文化ゾーン」にする方針をまとめた。旧美術館は県から市に譲渡され、市は芸術文化に資するニュータイプの施設をつくろうという方向で動きだした。

そして、珍しさの2点目。公共建築の保存というと、役所の中だけで議論が進みがちだが、市は美術大学の教員らをプロジェクトに巻き込んだ。秋田市新屋にある秋田公立美術大学だ。

同大学は2013年、短大から四年制大学となった東北唯一の公立の芸術大学。公立なので市役所職員も大学運営に参画していた。それもあって、アドバイスを得やすかった。同大学の教員である人類学者の石倉敏明さん（准教授）や、建築家の小杉栄次郎さん（教授）らが中心となって旧美術館活

用の類似施設調査や市民参加のワークショップなどを行い、利活用の調査報告書をまとめた。

その方向性は、ざっくりいうと「アート作品をつくるまでの活動を応援する施設」だ。今までアート制作と無縁だった市民がふらりと立ち寄ってアーティストと交流を図り、つくる側の人に変化していくような場だ。

市は建築家である小杉栄次郎さんに改修設計のアドバイザーを依頼。小杉さんの助言を受けつつ、

1階のコミュニティースペース。展示会の撤去作業が丸見えなのも新鮮

秋田市文化創造館

所在地：秋田市千秋明徳町3-16

既存建物（旧秋田県立美術館）の完成：1966年12月

（昭和41年、開館は翌年5月）

設計：日建設計工務（現・日建設計）

施工：竹中工務店

構造：鉄筋コンクリート造

階数：地上3階

延べ面積：2860㎡

［秋田市文化創造館への改修工事］

アドバイザー：小杉栄次郎

設計：コスモス設計

施工：中央土建・伊藤工業・藤重建設JV

完成：2020年11月

07

地元のコスモス設計の改修設計により2019年、耐震補強を含む改修工事が着工した。建物の外観は生かしながら、ワークショップで提案された使い方を可能にする改修が行われた。そして2021年3月に「秋田市文化創造館」として再オープンした。【イラスト5】

秋田市文化創造館は、屋外を含め、あらゆる場所が時間貸しで専用利用できる。利用の方法も相談次第。「こんな使い方もできるんだ、という思いもよらない使い方の提案を求めています」という事務局長の三富さんの言葉が心強い。

「幻の美術館」の模型に
またびっくり

筆者は今回、新・秋田県立美術館も再訪した。

そして展示スペースの一角にあった小さな建築模型に仰天した。戦前に平野が建てようとした幻の藤田美術館の模型だ。【イラスト6】

なんと、屋根がガラス張り！戦前にこんなに大胆な美術館を建てようとしていたとは……。だから、藤田も平野も「秋田の行事」を自然光で見せることにこだわったのか。

この模型を見て、幻の藤田嗣治美術館→旧・秋田県立美術館（現・秋田市文化創造館）→新・秋田県立美術館という歴史のチェーンが筆者の頭の中でつながった。

この模型は残念ながら常設ではないとのことなので、新・旧の美術館を見に行く人は、左ページ上の絵をぜひ覚えておいてほしい。

「動態保存」と「凍結保存」

本書は、日建設計が何らかの形で関わったヘリテージ建築をリポートしている。章の谷間のこのコラムだけは、同社と関係がない豆知識を紹介したい。

まず、「動態保存」と「凍結保存」について。

前者の「動態保存」は、「本来の目的で活用しながら保存すること」をいう。21世紀に入ってから、国や地方自治体が建築保存に取り組む際の基本姿勢だ。建築は「建築としての機能」を維持しながら保存すべきであり、そのために「修理や活用のための整備」を認めようという考え方である。

これに対して、20世紀の間、特に国の重要文化財に関しては「凍結保存」が主流だった。「冷凍保存」「静態保存」ともいう。例えば、銀行として建てられた建物を、銀行としては使わず、せいぜい見学施設として公開するやり方だ。

国の方針が大きく変わるきっかけとなったのは、東京・池袋の「自由学園明日館」。米国の建築家、フランク・ロイド・ライト（1867〜1959年）の設計で1922年に校舎として完成した。戦後、学園の規模拡大でキャンパスが東京都東久留米市に移転すると、「明日館」と名付けられて卒業生の活動拠点となった。世の中がバブル景気に沸くようになると、施設の老朽化もあって「保存か、取り壊しか」の議論が巻き起こる。

国は1997年、「多目的に使い続ける」ことを前提に重要文化財に指定。3年の保存改修工事を経て、2001年に動態保存を開始した。現在は公開講座やパーティー、ウエディングなどに活用されている。

「自由学園明日館」の昼景（左）と夜景（右）

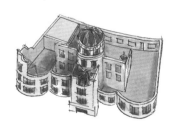

Part 2

物語に出会う

人はなぜ時を経た建築に引かれるのか。
古びた素材に味わいを感じるから? それもあるだろう。
ただ、それだけなら、古く見える材料を使って新たに建てることもできる。
ヘリテージの建築の大きな魅力は、それが歴史の宝箱であるからだ。
設計者や施工者、建て主や利用者など、
そこに関わった人たちの思いが地層のように積み重なっていく。
本章では、ヘリテージ建築に詰め込まれた
"物語"を引き出す面白さを知っていただきたい。

08

米子市公会堂

曲線の魔術師はキャデラックにひらめき？

ため息の出る曲線。

村野藤吾の建築の絵は描きやすい。うまく見える。曲線が多用されており、立体格子（←描きにくい!）のような幾何学造形が少ないからだ。

そんなこともあって、村野藤吾は宮沢の大好きな建築家の1人だ。

村野藤吾
佐賀県出身、早稲田大学卒。モダニズム全盛の中でも独自のデザインを展開。代表作に「日生劇場」(1963)など。

TOGO MURANO
1891～1984

【イラスト1】

米子市公会堂は 1958 年（昭和 33 年）、鳥取県米子市の中心部、角盤町に完成した。設計者は村野藤吾（1891 ～ 1984 年）。ぶっちゃけになるが、筆者は村野藤吾の大ファンである。なぜなら、村野の建築は絵を描くのが楽しい。自由曲線が多いので、定規をあまり使わなくても、"うまく見える絵"が描けるのだ。【イラスト1】

ほら、この外観、実に絵になる。市民の間では、「村野藤吾氏がグランドピアノをモチーフにデザインした」という逸話がまことしやかに伝わっている。【イラスト2】

米子市公会堂を本書で取り上げるのは、2013 ～ 2014 年にかけて行われた耐震補強工事で、日建設計が改修設計の中心になったからだ。案内役の

グランドピアノ？

入り口側の外観

西澤崇雄さんは、「改修前後でデザインが全くといっていいほど変わっていないんです」と申し訳なさそうにいう。いえいえ、曲線の魔術師・村野藤吾のオリジナルデザインをこんなに残してくれて本当にあ

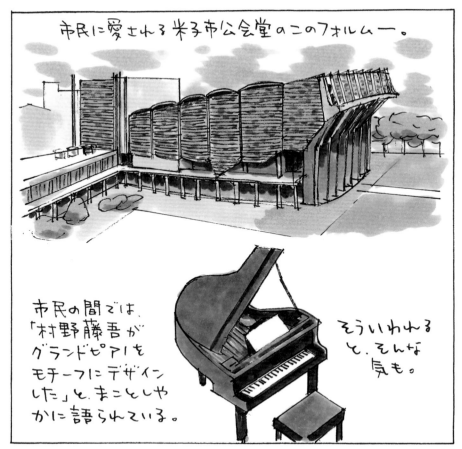

市民に愛される米子市公会堂のこのフォルムー。

市民の間では、「村野藤吾がグランドピアノをモチーフにデザインした」と、まことしやかに語られている。

そういわれると、そんな気も。

【イラスト2】

りがとうございます。

市民アンケートで「存続派」が多数

この建物、一時は「解体」の可能性もあった。

老朽化した公会堂をどうするかという検討が始まったのは2009年。地元の桑本総合設計が耐震診断を実施すると、Is値（構造耐震指標）が0.15という極端に低い結果が出た。

専門的な話になるが、Is値は0.6以上だと「大規模な地震に対して倒壊または崩壊の危険性が低い」とされ、0.3以上0.6未満だと「倒壊または崩壊の危険性がある」、0.3未満は「倒壊または崩壊の危険性が高い」となる。

ホワイエ

稼働率の高いホールだったが、米子市はこの診断を受けて翌2010年9月までで施設の使用を中止。同時に市は市民3000人に、公会堂に対する意見を聞くアンケート（郵送）を実施した。約半数から

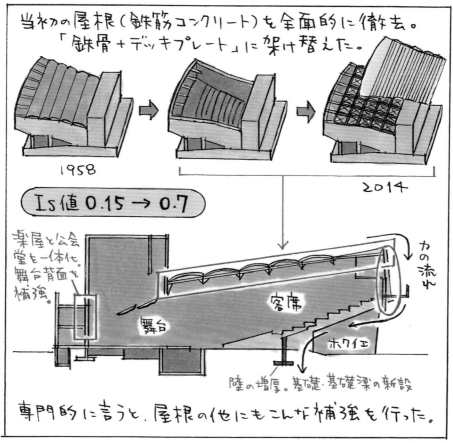

当初の屋根(鉄筋コンクリート)も全面的に撤去。
「鉄骨+デッキプレート」に架け替えた。

1958

2014

Is値 0.15 → 0.7

楽屋と公会堂を一体化。舞台背面も補強。

舞台

客席

力の流れ

ホワイエ

柱の増厚。基礎・基礎梁の新設

専門的に言うと、屋根の他にもこんな補強を行った。

【イラスト3】

回答があり、「存続すべき」が45.4%で、「廃止」の38.2%をわずかに上回った。当時の市長は、耐震補強を実施したうえで使い続けることを表明した。

この種のアンケートで「存続すべき」が「廃止」を上回るのは珍しい。1958年の建設時、米子市民の「1円募金運動」により多大な寄付が寄せられたという経緯もあり、市民の愛着度が非常に高い施設なのだ。

弱点の屋根を
つくり変える

改修設計を担当したのは日建設計と桑本総合設計の共同企業体。一般的な耐震補強では、地震力に耐える壁(耐力壁)を新たに加えたり、柱を太く

したりするのが普通だが、ここでは「屋根を架け替える」手法をメインにした。

構造的な弱点となっていたホールの屋根を全面的に撤去。大梁を新たな鉄骨に取り替え、デッキプレートを使って当初の波のような形状

ホール内

を再現した。そうして軽量化と構造強化を図り、Is値を0.70まで高めた。【イラスト3】

遮音対策も施した。近くに消防署があるため、ホール使用中にサイレンが聞こえることがあったか

【イラスト4】

らだ。ホールの内装改修を行い、扉などの交換によってホールの静粛性を高めて5〜10dB（デシベル）下げた。

改修設計の中心になったのは、日建設計の中でも特に「ホール」の経験が豊富な江副敏史さん。ホールの名手が担当なのに、改修前後で印象が全く変わっていないのは、よほどの村野愛。

江副さんにそれを聞いてみると、「最初はガラスボックスを突っ込んでみようかとも考えましたが、とてもそんなことができる予算ではありませんでした。ならば、徹底的に村野藤吾のデザインを変えないことを目指すことにしました」との答え。中途半端に自分の爪痕を残そうとしないのは、勇気のいる判断だ。

「変えない」ために
タイルで苦労

「変えない」ということで、地味に大変だったのが外装タイル。タイルは全部をはがして貼り替える方が簡単だ。ここでは、歴史的な価値を考慮して、劣化した部分だけを貼り替えた。

その際、新旧タイルが違和感なく調和するように色味の調整を慎重に行った。残したタイ

外壁タイル

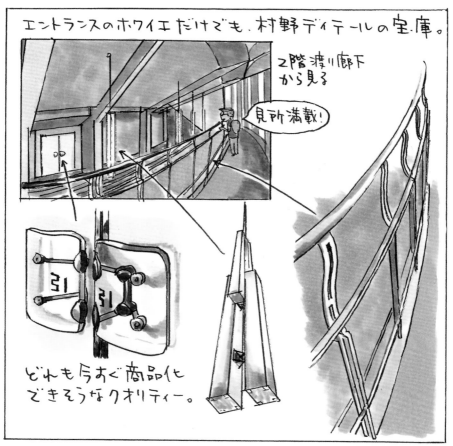

エントランスのホワイエだけでも、村野ディテールの宝庫。

2階渡り廊下から見る

見所満載！

どれも今すぐ商品化できそうなクオリティー。

【イラスト5】

ルは落下防止のため、1枚ずつピンを打ち込んでいる。全体の半分に当たる約8万枚を張り替えた。

　内部で大変だったことの1つが天井。前述のように屋根と天井はいったん丸ごと撤去した。天井の波のような独特の形状は、3次元スキャナーで計測しておいて厳密に再現した。【イラスト4】

　村野ファンがグッと来るのは、扉の引き手だ。遮音性能を高めるため、扉自体は交換したものの、特徴的なデザインの引き手は再利用した。この引き手、ずっと眺めていられる！【イラスト5】

新たに知った
2つのエピソード

　今回、館の方に案内してもらって、新たに知った

村野エピソードが2つある。筆者にとってはエピソードというより"伝説"といいたいくらいテンションの上がる話だ。

　1つは、ホワイエや外部のバルコニーに付けられ

華麗なる後付け！

ホワイエのバルコニー手すり

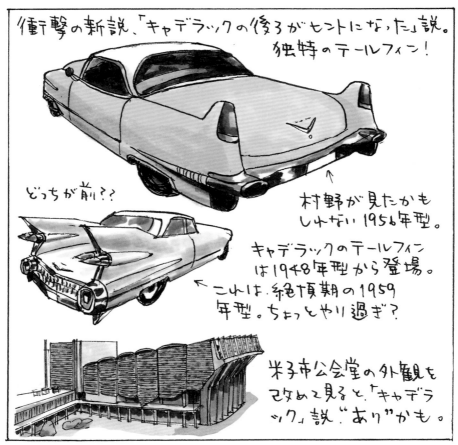

衝撃の新説、「キャデラックの後ろがヒントになった」説。
独特のテールフィン！

どっちが前？？

村野が見たかも
しれない1956年型。

キャデラックのテールフィン
は1948年型から登場。

これは、絶頂期の1959
年型。ちょっとやり過ぎ？

米子市公会堂の外観を
改めて見ると、「キャデラ
ック」説 "あり" かも。

【イラスト6】

ている落下防止手すり。なんて、細やかで流麗な
デザイン。さすが村野！と思っていた。

　それ自体は間違っていないのだが、実はこの手
すりの上の部分、安全性を高めるために1980年の
改修で加えられたものだという。村野が存命の時
代の改修だ。明らかにかっこよくなっている。「安
全性を高める」改修というと、無骨で「残念！」と
いうものになりがちだが、それをプラスに変えてし
まうのはさすが村野。

　新たに知ったエピソードのもう1つは、外観の「グ
ランドピアノ説」に代わる新説だ。

　市民の間では、「デザインのモチーフはグランド
ピアノ」が定番になっているが、これは村野がどこ
かに書き残した話ではないという。実は、筆者は、

「村野がグランドピアノなどというありがちなものを
ヒントにするだろうか」と、長年、疑問に思っていた。
例えば村野の逸話の中には、「六本木のクラブのバ
ニーガールのお尻についたボンボンを見てフワフワ
の照明をデザインした」という話がある。デザイン
の発想というものは、そんなふうに普段あまり見な
いものを目にしたときに天から下りてくるのではな
いか。

モチーフは
「キャデラックの後ろ」説

　今回の取材で岡雄一館長が「こんな話も」と教
えてくれた。

　「当時、施工に関わった方が村野さんに聞いたと

米子市公会堂

所在地：鳥取県米子市角盤町 2-61　　　［平成の改修工事］
完成：1958 年 4 月（昭和 33 年）　　　　発注：米子市
設計：村野・森建築事務所　　　　　　　設計：日建設計・桑本総合設計 JV（基本設計、耐震補強およびホール改修実施設計）、
施工：鴻池組　　　　　　　　　　　　　　　　　桑本総合設計・桑本建築設計 JV（その他大規模改修実施設計）、
構造：鉄筋コンクリート造、一部鉄骨造　　　　　亀山設計（設備実施設計）、日建設計（全体監修）
階数：地下 1 階・地上 4 階　　　　　　　施工：鴻池組・美保テクノス・平田組 JV（建築）
延べ面積：4872.10 ㎡　　　　　　　　　施工期間：2013 年 1 月～2014 年 2 月

08

ころ、村野さんが『キャデラックの後ろの部分をヒントにした』と答えたという話があります」（岡館長）

キャデラックの後ろの部分！　素晴らしい。それでこそ村野藤吾。【イラスト6】

私がこの話に感動したのは、単に形がそれっぽいというだけではない。両者には“後ろも顔である”という共通性があるからだ。

何がいいたいかというと、ホールというものは、建築計画上の特性として、利用者が客席の背側から入るのが普通だ。舞台上には吊りものの巨大な装置（フライタワー）が必要なので、舞台側を正面にするデザインは難しい。1 階から入るホールでは、階段状の客席の下が顔になる。

そんな裏みたいなところに施設の顔をつくって、市民を優雅に出迎える。キャデラックのデザイン思想に似ているではないか。

今となってはグランドピアノなのかキャデラックなのか、白黒をつけることはできない。しかし、そんな話で盛り上がれるのも、市民投票でこの建築が残り、改修に関わった人たちが村野デザインを変えずに残してくれたおかげだ。雲の上の村野は、「どっちも違うよ、本当は……」とニヤニヤしているかもしれないけれど。

実は大正期の名建築。

09

原爆ドーム

3つの奇跡が残した「大正セセッション」の息吹

1915年完成／広島市

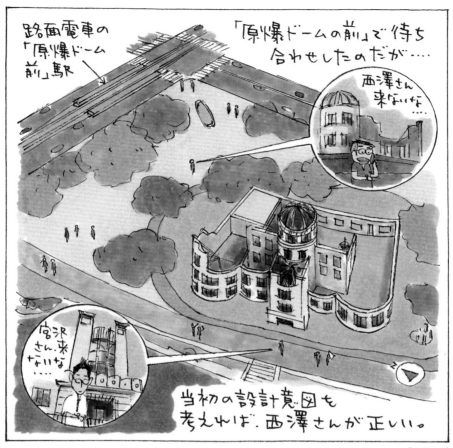

路面電車の
「原爆ドーム
前」駅

「原爆ドームの前」で待ち
合わせしたのだが……

西澤さん
来ないな

宮沢
さん来
ないな
……

当初の設計意図も
考えれば、西澤さんが正しい。

【イラスト1】

本書でなぜ原爆ドームなのか。日建設計と何か
しらの関連がある施設を訪ねているので、もちろん
関係はある。もとの建物の設計者？　いや、もと
の建物である「広島県物産陳列館」（後の広島県産
業奨励館）は、1915年（大正4年）の完成で、チェ
コの建築家、ヤン・レツルが設計したもの。日建
設計は2015年度から2016年度に行われた構造補
強工事の設計の中心になったのだ。【イラスト1】

日建設計って、そんな仕事もやっているのか……。

未来のために
「可逆的」な技術で補強

以下は、日建設計のウェブサイトに掲載されてい
た説明の要約だ。

・まず、最先端のシミュレーション技術を駆使して
全体の構造を解析。2012年にこの建物のウイーク
ポイントを捜し当てた。

・さらに2013年には、実際に建物のレンガを抜き
出して強度の調査を重ね、10以上の補強案を立案
した（案内役の西澤崇雄さんによると、日建設計が
提案した「10以上の補強案」の中には、建物全体
を免震化する案もあった）

・2015年には「原爆で壊れたレンガ壁に補強鉄骨
材を取り付ける」という補強鋼材追加案の採用が
決定。

・この補強方法は、ユネスコが世界遺産などを補
修する際のグローバルスタンダードである①視覚上
の外観変更は原則として行わないこと、②必要最

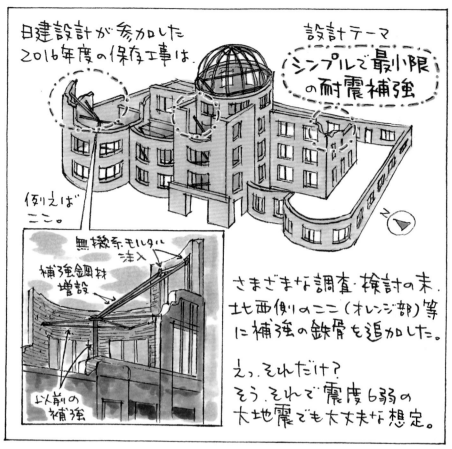

【イラスト2】

小限の対策であること、③極力可逆的であること、から導き出された。【イラスト2】

なるほど。「可逆的」というのは、「元に戻せる」という意味だ。

原爆ドームの保存工事を担当する広島市都市整備局緑化推進部公園整備課の担当者は、「被爆当時の姿を未来に残すには、現在の信頼性の高い技術を使い、将来新しい技術ができたときに置き換えられるようにもしておかなければならない」と話す。

そう聞くと「それって技術的にすごいの?」と戸惑うかもしれない。だが、「震度6弱の地震があっても倒壊しない想定」（市担当者）と聞けば、その効果の高さがわかるだろう。一撃必中の補強なのだ。

設計者の
ヤン・レツルとは?

ここで話はいったん明治にさかのぼる。物産陳列館の設計者であるヤン・レツル（1880～1925年）は、明治末期に来日した外国人建築家だ。「チェコ近代建築の父」といわれるヤン・コチェラに師事して建築を学んだ後、1907年（明治40年）、ドイツ人建築家デ・ラランデの招きで来日した。このとき27歳。

この頃の日本の建築界は、教科書でもおなじみのジョサイア・コンドルが英国式建築教育で育てた第一世代の日本人建築家（辰野金吾や曾禰達蔵）がリードしており、ドイツ系は主流ではなかった。

広島県物産陳列館（原爆ドーム）の設計者は、
ヤン・レツル（Jan Letzel、1880-1925）。
チェコ出身。明治末期から大正にかけて
日本で活動。

1909

現存する
聖心女子学院正門。
なんて斬新！　→

1913
宮城県営松島パーク
ホテル（現存せず）。和風＋幾何学。
↓

「セセッション」を
取り入れ、"新し
い建築"を目指す。
そして、広島県物
産陳列館へ。

【イラスト3】

レツルは傍流のドイツ系建築家グループの最終組
であったことから、むしろ自由に活動できたのかも
しれない。古典様式に「セセッション（Sezession）」
を加味した"新しい建築"に挑んでいく。【イラスト3】

「セセッション」は、「分離」を意味するドイツ語で、
19世紀末、ドイツやオーストリアに興った絵画・建
築・工芸の革新運動を指す。建築分野では、お決
まりの柱頭装飾が付いた古典様式から脱却し、曲
線や幾何学に基づいたデザインが志向された。こ
れは、「モダニズム建築」に向けての大きなステッ
プとなる。

日本の建築界でも大正期にセセッションは大きな
ムーブメントとなった。レツルは母国で"本場のセ
セッション"の影響を受けた建築家であり、その代
表作である物産陳列館が残っている意味は大きい。

随所にセセッションの
幾何学装飾

現在に残る原爆ドームの細部を見ると、レツルが
セセッションに果敢にチャレンジしていたことがよ
くわかる。あちこちに市松などの幾何学模様が見
られるので、じっくり見てほしい。【イラスト4】

その一方で、ドーム内をのぞくと、明らかに「イ
オニア式」とわかる古典様式の柱が立つ。これは、
「いかにも洋風なもの」を求めるクライアントをな
だめるレツル流の処世術だろうか。

建物の中心が5層吹き抜けの楕円形の階段室と
いうのもかなり大胆だ。これだけ高さのある吹き抜

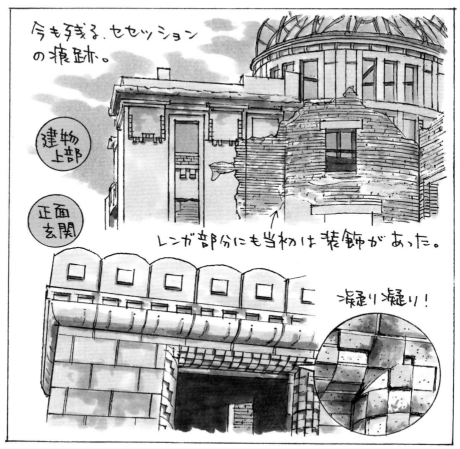

今も残る、セセッションの痕跡。

建物上部

正面玄関

レンガ部分にも当初は装飾があった。

凝り凝り！

【イラスト4】

あっ、ギリシャ風の柱。

ドーム下にイオニア式柱が見える

けで、かつ頂部にドーム屋根が架かる空間は、当時、さぞや話題になっただろう。

　建物は一部に鉄骨を使用したレンガ造。内壁の大半はしっくい塗りの壁であったと考えられている。当時の図面を見ると、2階には柱のない「陳列室」がコの字形に広がっている。無柱の大空間は、現在の展示ホールの考え方だ。【イラスト5】

　それらに加えて先進的なのは、正面玄関が川を向いていること。利便性を考えれば別の位置に玄関があってもおかしくはないが、今で言う「親水性」を重視して全体を配置したのだろう。そのおかげで、今も川越しの遠景が実に絵になる。

爆風で倒壊を免れた奇跡

　そんなことが想像できるのも、一部とはいえ建物が残っているからだ。そこにはいくつかの奇跡が重なっている。1つは、爆心から近かったにもかかわらず、倒壊を免れたこと。原子爆弾は産業奨励

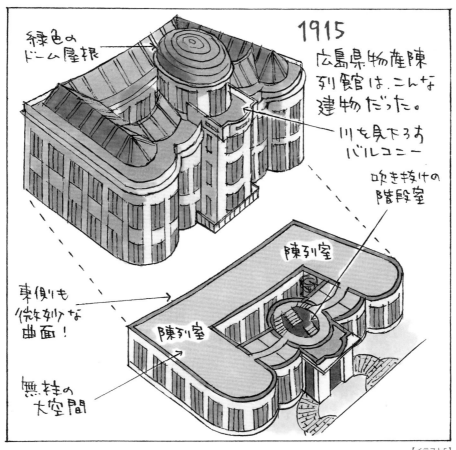

緑色の
ドーム屋根

1915

広島県物産陳
列館は、こんな
建物だった。

川を見下ろす
バルコニー

吹き抜けの
階段室

陳列室

車側りも
微妙な
曲面！

陳列室

無柱の
大空間

【イラスト5】

館の南東約160m、高度約600mの位置で炸裂した。以下、広島市のサイトより。

「建物内にいた人は全て即死し、建物は爆風と熱線により、大破し全焼しました。近距離で爆発した原子爆弾の威力は凄（すさ）まじいものでしたが、建物の屋根やドーム部分は鉄骨部分を除き、多くは木材で作られていたため、真上からの爆風に対して耐力の弱い屋根を中心につぶされ、厚く作られていた側面の壁は完全には押しつぶされず、倒壊を免れました」（広島市サイト：原爆ドームは爆心地にとても近いのに、どうして崩れずに残ったのですか）

レンガ積みの壁は横方向の力に弱い。もし爆心がもっと遠かったら、横風を受けて跡形もなかったかもしれない。一説には、ドームの下が吹き抜け

であったため、窓から爆風が抜けやすかったともいわれる。

丹下健三が提案した
平和の軸線

2つ目は終戦後。日本を代表する建築家・丹下健三（1913～2005年）が大きな役割を果たした奇跡だ。

広島平和記念資料館を含む広島平和記念公園は1949年、設計コンペによって設計者が決定された。他の応募案は、公園内に閉じたデザインだったが、唯一、丹下氏の案は、公園の外にある原爆ドームにビシッと軸線を向けたものだった。「原爆ドームこそが、これからの平和のシンボルである」という

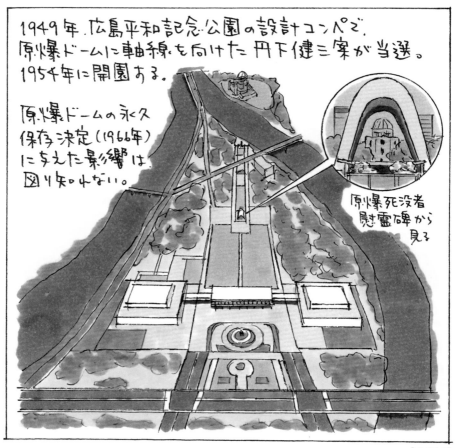

1949年、広島平和記念公園の設計コンペで、原爆ドームに軸線を向けた丹下健三案が当選。1954年に開園する。

原爆ドームの永久保存決定（1966年）に与えた影響は図り知れない。

原爆死没者慰霊碑から見る

【イラスト6】

ことを、いわずもがなで語っていた。【イラスト6】

コンペ当時、原爆ドームは"残骸"にすぎなかった。市民から原爆ドームと呼ばれるようになったのは1950年代に入ってから。広島市議会で永久保存が採択されたのは1966年だ。終戦から実に20

おりづるタワーから平和記念公園を見下ろす

年以上かかった。その間、原爆ドームを平和のシンボルとして浮き立たせた丹下氏の軸線が、保存運動を後押しする大きな原動力となったことは間違いないだろう。

保存工事により
地震でも無傷

そして3つ目の奇跡は、阪神・淡路大震災（1995年）や芸予地震（2001年）でもほぼ無傷だったこと。冒頭で書いた日建設計による構造補強は、実は4回目の保存工事で、大小の差はあるがこれまでに計5回の保存工事が行われている。

1989年に行われた第2回保存工事は、長期保存を見据えた大掛かりな補強工事だった。これを

広島県物産陳列館（現・原爆ドーム）

所在地：広島市中区大手町1-10

竣工：1915年（大正4年）

設計：ヤン・レツル

構造：レンガ造、一部鉄骨造、外装モルタルおよび石材仕上げ

階数：地上3階、一部5階

建築面積：1023㎡

1967年（昭和42年）：第1回保存工事

1989年（平成元年）：第2回保存工事（翌年完了）

2002年（平成14年）：第3回保存工事（翌年完了）

2015年（平成27年）：第4回保存工事（翌年完了）

2020年（令和2年）：第5回保存工事（翌年完了）

09

第5回保存工事で塗装されたドームの鉄骨。創建時からの鉄骨材が茶系色、補強材は黒系色で塗り分けられている

2021年に完了した第5回保存工事では、ドームの鉄骨を被爆直後に近い色に塗り直した。劣化を防ぐ意味もある。第5回の工事を終え、「今のところ大きな不安点はない」と広島市の担当者は言う。今後は「奇跡」という言葉を使わずに、未来に残していけそうだ。

阪神・淡路大震災の前に終えていたのは、不幸中の幸いだった。第2回保存工事以降は概ね3年ごとに健全度調査を行い、新たな保存工事の必要性を判断している。

10
有楽苑と如庵
再生を繰り返して輝くカプセル建築

これぞ元祖カプセル建築!?

1972年完成（有楽苑）／愛知県犬山市

取材協力：名古屋鉄道

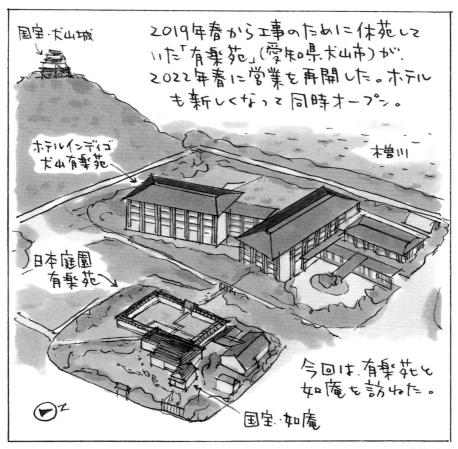

国宝・犬山城

2019年春から工事のために休苑していた「有楽苑」（愛知県犬山市）が、2022年春に営業を再開した。ホテルも新しくなって同時オープン。

ホテルインディゴ犬山有楽苑

木曽川

日本庭園有楽苑

今回は、有楽苑と如庵を訪ねた。

国宝・如庵

N

【イラスト1】

今回訪れたのは愛知県犬山市の「日本庭園有楽苑（うらくえん）」にある国宝茶室「如庵（じょあん）」。日本に3つしかない国宝茶室の1つだ。【イラスト1】

茶室というと、茶道をやっていない人には、縁遠い施設かもしれない。「良しあしがわからない」という声も聞こえてきそうだ。筆者もその1人。しかし、断言する。この如庵は、「現代建築に興味がある人」と「歴史好きの人」なら必ずハマる建築だ。

有楽斎の
波乱の人生

如庵は、茶の湯の草創期に織田有楽斎（うらくさい）が建てた茶室だ。織田有楽斎は、あの織田信長の弟である。ほら、それだけで興味が湧いてくるだろう。

有楽斎の人生は、大河ドラマの主人公になりそうなほどに波乱万丈なのだが、この記事の本題は如庵なので、ハイスピードで振り返っておこう。

有楽斎の本当の名前は、織田長益（ながます）。1547年に織田信秀の十一男として生まれた。三男の信長とは13歳離れた異母兄弟。幼少期から病気がちで性格もおとなしく、武勇を期待されずに育った。ただ、読書好きで教養が深かったため、信長にはかわいがられたという。やがて、有名な「長篠の戦い」や「甲州征伐」などで、おいの織田信忠（信長の長男）に仕えて見事な参謀ぶりを発揮。武将としても評価を高める。

ところが、1582年に「本能寺の変」が起こると人生が一変する。長益はこの時、本能寺に近い妙

織田有楽斎、波乱の人生絵巻

1547年、尾張国で、織田信長の弟、長益として生まれる。

本能寺の変で、信長が死去。逃げのびて秀吉につく。茶の湯にはまり、「有楽斎」と名乗る。

秀吉が死ぬと、今度は家康について手柄も立て、領地を得る。

1618年以降は、子どもに領地を譲り、京都で隠とん。1622年、75歳でなくなる。

ドラマにするなら堺雅人に演じてほしい！（困り顔が適役では？）という思いを込めて、描いてみた。

【イラスト2】

覚寺に滞在していた。信長が明智光秀の謀反で亡くなったことを知ると、信忠とともに明智光秀を討つために二条城へ。しかし、信忠も明智光秀軍に包囲されて自刃。長益は岐阜へ逃亡する。

その後は、おいの織田信雄（信長の次男）に仕え、1584年の「小牧・長久手の戦い」で徳川家康側につき参戦。徳川家康と豊臣秀吉の講和に際しては折衝役を務める。

今度は豊臣秀吉に仕えるも、おいの信雄が豊臣秀吉と徐々に対立し、領地没収となる。長益は、豊臣秀吉に臣従することを表明。この頃、剃髪して「有楽斎」と名乗るようになる。

ふうっ。なんて壮絶な人生……。「もう争いはこりごり」という気持ちがわかる。【イラスト2】

それでもまだ政争から離れることはできず、豊臣秀吉の死去後、1600年の「関ヶ原の戦い」では徳川家康側に属して武功を挙げ、およそ三万石を獲得。1618年、子どもたちに領地を贈与したあと、京都で念願の隠居生活に入る。

ちなみに、東京の「有楽町」という地名は、慶長年間（1596〜1615年）に有楽斎の屋敷がこの辺りにあり、その後は空き地となっていた所を人々が「有楽の原、有楽原」と呼んでいたことに由来するといわれる（諸説あり）。

「如庵」も波乱の運命をたどる

ここで、ようやく「如庵」の登場である。有楽斎

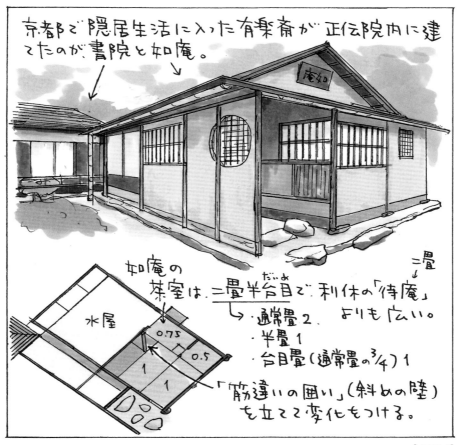

京都で隠居生活に入った有楽斎が正伝院内に建てたのが書院と如庵。

如庵の茶室は二畳半台目で利休の「待庵」よりも広い。
└ ・通常畳2
・半畳1
・台目畳(通常畳の3/4)1

水屋

0.75
0.5
1
1

「筋違いの囲い」(斜めの壁)を立てて変化をつける。

【イラスト3】

は京都で隠居生活を送りながら、建仁寺の子院である正伝院を再興した。有楽斎は茶人・千利休の門弟として茶道を学んでおり、正伝院内に自分好みの茶室を建てた。それが如庵だ。【イラスト3】

如庵は、産みの親の有楽斎と同じように波乱の運命をたどる。

創建から明治維新まで200年以上、正伝院内にあったが、今でいう再開発の対象地となって、1908年に三井家が購入。文化・芸術に精通していた三井高棟（三井総領家10代、1857〜1948年）が中心となり、東京・今井町（現・東京都港区六本木）の三井本邸に移築された。すると、文化財としての評価が高まり、1936年（昭和11年）には国宝に指定される。

それを機に三井高棟は、神奈川・大磯の「城山荘」に如庵を再び移築することを計画する。3万8000坪という広大な敷地の別荘だ。

移築完了（1938年）から7年後の東京大空襲で、今井町の三井邸は焼失する。城山荘への移築がなければ如庵は存在しなかったわけだ。

終戦、財閥解体などを経て、大磯の城山荘は1970年に三井家の所有から外れることになる。同時に城山荘内の如庵や書院も所有者が代わり、名古屋鉄道の管理の下、愛知県犬山市の「名鉄犬山ホテル」（1965年開業）に隣接する敷地内に移された。移築は1972年に完了し、庭園を含め「有楽苑」となった。

ホテルを設計したのは建築家の小坂秀雄（1912

京都に建てられた如庵は、約300年後の1908年、書院とともに、東京・六本木の三井本邸に移築。

30年後の1938年には、神奈川・大磯の三井家別荘に。

さらに、1970年には現在の犬山市に移築。このとき、建築家の堀口捨己が庭園も含めて監修し、「有楽苑」とした。

SUTEMI HORIGUCHI 1895-1984

モダニズム建築から日本庭園まで

有楽苑配置図（by 日建設計）

【イラスト4】

～2000年）だったが、如庵の移築や有楽苑の整備は、建築家の堀口捨己（1895～1984年）が実行委員長となって先導した。堀口は名古屋市昭和区の料亭「八勝館（御幸の間）」（132ページ参照）を設計した建築家だ。【イラスト4】

令和の改修で庭園はすっきり

如庵は京都→六本木→大磯→犬山と大移動し、その度に再整備されているわけだ。そして有楽苑開園から50年目の2022年、犬山の地で再び新たな息吹を与えられた。

まず、隣接するホテルの建物が建て替わった。1965年完成の名鉄犬山ホテルは老朽化のた

め、2019年8月に閉館・建て替えとなり、跡地に2022年3月1日、「ホテルインディゴ犬山有楽苑」がオープンした。設計は観光企画設計社。所有者は名古屋鉄道のままだが、ホテルインディゴを世界各地で展開するインターコンチネンタル ホテルズグループに運営を委託した。

ホテルの建て替えと並行して、有楽苑の修景が行われた。「修景」というとピンと来ないかもしれないが、要は伸びすぎていた樹木を剪定してさっぱりさせたのだ。この現況調査と修景計画の作成を日建設計が担当した。日建設計は、1972年当時の庭園の状況を知る作庭家の野村勘治さんの協力を得ながら、調査と計画作成を進めた。本書の案内役である西澤崇雄さんがその当事者だ。作業は、

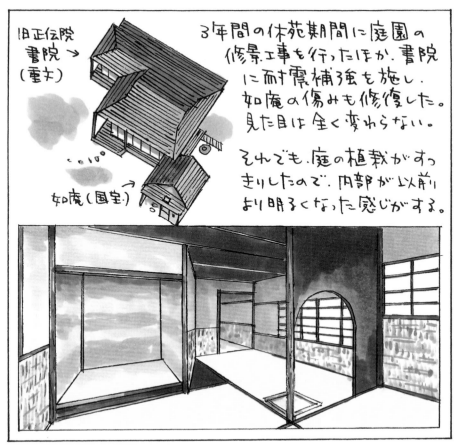

旧正伝院
書院 →
（重文）

如庵（国宝）→

3年間の休苑期間に庭園の修景工事を行ったほか、書院に耐震補強を施し、如庵の傷みも修復した。見た目は全く変わらない。

それでも、庭の植栽がすっきりしたので、内部が以前より明るくなった感じがする。

【イラスト5】

空が見える！

庭園ビフォーアフター（上段は修景前、下段は修景剪定後）

庭園を3Dスキャンすることからスタートしたという。なんて今っぽいやり方。

　如庵とつながる「旧正伝院書院」（国指定重要文化財）は、大地震にも耐えられるように補強が施された。誰も気づかないであろう1階床下部分での補強だ。その他、屋根替えが実施され、劣化が目立っていた部材は丁寧に補修された。これらは、博物館明治村の建築担当建築技師を務める奥野裕樹さんらが中心となって進めた。

　そして、書院の南東側にある如庵へ。

　如庵は屋根のふき替えのほか、傷んだ部材の補修を行った。庭園の植栽がすっきりしたので、室内が明るくなった印象だ。【イラスト5】

　有楽苑内はホテルの宿泊者以外でも入苑でき、

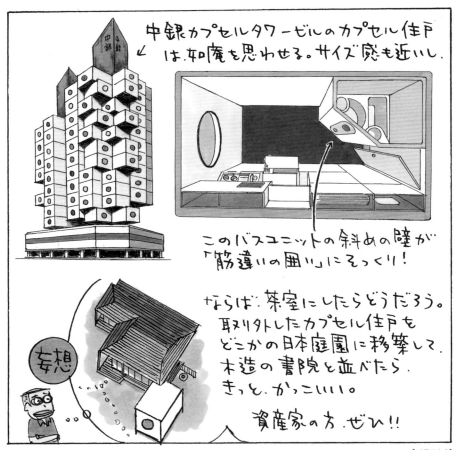

中銀カプセルタワービルのカプセル住戸は.如庵を思わせる。サイズ感も近いし.

←

このバスユニットの斜めの壁が「筋違いの囲い」にそっくり!

ならば.茶室にしたらどうだろう。取リ外したカプセル住戸をどこかの日本庭園に移築して.木造の書院と並べたら.きっと.かっこいい。

資産家の方.ぜひ!!

妄想

【イラスト6】

旧正伝院書院

如庵の中も窓越しにのぞき見ることができる。不定期（およそ月に1度程度）に、如庵内部の見学会も開催している。

　令和の有楽苑再整備を担当した名古屋鉄道グループ事業部文化事業担当チーフの長谷優太さん

は、「先輩世代から大切に受け継がれてきた如庵と有楽苑を次の世代につなげることができて、ほっとしている。以前に見たことがあるという方にも、きれいになった庭園をぜひ見てほしい」と話す。

茶室サイズを思わせる 中銀カプセルタワー

　実は最近、あるニュースを聞いて、ちょうど如庵のことを思い出していたところだった。あるニュースというのは、建築家の黒川紀章が設計した「中銀カプセルタワービル」（東京・銀座）の解体だ。2022年4月から始まった解体工事で姿を消した。

　中銀カプセルタワービルのカプセル住戸に入ったことがある人は共感してくれると思うのだが、あの

如庵内部（写真：名古屋鉄道）

有楽苑と如庵

所在地：愛知県犬山市犬山御門先 1
完成：1972 年（昭和 47 年、如庵の完成は 1618 年ごろ）
庭園監修：堀口捨己
庭園修景設計：日建設計、野村勘治（協力）
庭園修景施工：岩間造園
庭園修景完成：2022 年

10

如庵外観

内部空間は「茶室」を連想させる。壁や天井に手が届きそうな大きさもそうだし、印象的な丸窓も、茶室の窓のようだ。【イラスト6】

　中銀カプセルタワービルは解体されたが、保存活用を求めていた有志らにより、カプセルの一部を取り外して美術館へ寄贈したり、宿泊施設に転用したりする計画が進んでいるという。これは大移動を繰り返しながら別の地で輝き続ける如庵を想像させるではないか。如庵の産みの親である織田有楽斎の住まいが、銀座に近い有楽町にあったということにも何かの縁を感じてしまう。

11
無鄰菴（むりんあん）

計算ずくのゆるり感、山縣有朋は名建築家？

有朋の優しさが見える？

1896年完成／京都市左京区

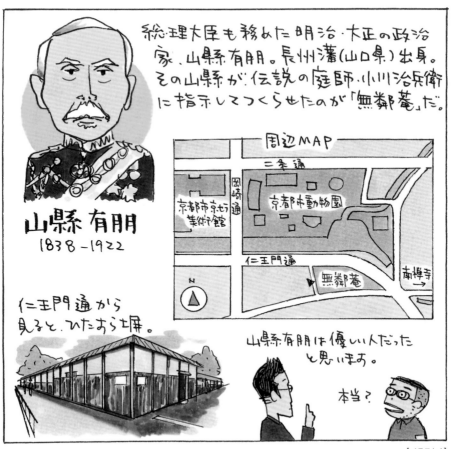

【イラスト1】

「無鄰菴」の庭園を見ると、山縣有朋は優しい人だったということがわかります」と案内役の西澤崇雄さん。えっ、山縣有朋って、歴史の教科書で怖い顔をしているあの人？　「ヘリテージ建築」の連載なのに庭園？……と、今回も、並の建築好きとは違う方向から切り込んできた西澤さん。だからこのリポートは楽しい。【イラスト1】

訪ねたのは京都・東山の麓、南禅寺参道前にある国指定名勝の庭園「無鄰菴」。内閣総理大臣も務めた明治・大正時代の政治家、山縣有朋（1838〜1922年）の別荘だ。1894年（明治27年）から1896年ごろにかけて造営された。近くには京都市動物園や、岡崎地区の文化施設ゾーン（例えば京都市京セラ美術館）がある。

庭園と母屋・洋館・茶室の3つの建物によって構成される。庭園は七代目小川治兵衛（1860〜1933年）によりつくられたもので、「近代日本庭園の傑作」とされる。小川治兵衛は近代日本庭園の先駆者とされる伝説の庭師だが、この庭園は山縣が細かく指示を出しており、「山縣が小川の才能を開花させた」ともいわれる。

「無鄰菴」って どんな意味？

無鄰菴といっても、関東の人にはなじみが薄いかもしれない。恥ずかしながら筆者も、この取材まで知らなかった。まず、無鄰菴とはどういう意味なのか。

母屋の座敷から庭園を見る。すごいパースペクティブ。

里山にピクニックに来たような、ゆるり感。

【イラスト2】

木造2階建ての母屋

山縣有朋は「無鄰菴」と名付けた邸宅を生涯に3つつくった。初代は山縣の郷里、長州・下関の草庵。これが名前の由来で、「訪問したことを隣家にことづけようにも、隣家が見当たらないほど田舎だ」という意味なのだという。

2代目無鄰菴は、京都の木屋町二条の別邸（現・がんこ高瀬川二条苑）、そして3代目がここ京都・南禅寺参道前の無鄰菴だ。

では、中へ。西側の入り口を入ると、すぐに木造2階建ての母屋（設計者・施工者とも不詳）がある。

母屋の玄関を上がり、坪庭をぐるっと回って東側の座敷へ。「おおっ」と思わず声が出る。

屋内にいながら、印象としては「100％庭」。東と南の2面が全面開放。横長のスクリーンを見るように上下が暗がりで切り取られ、緑が鮮明に浮かび上がる。一般的な長方形のスクリーンと違って蝶ネクタイ形に見えるので、矢印に導かれるように視線が中心に集中する。【イラスト2】

芝生を多用、
見事な視線の"抜け"

視線の先に広がる庭も、日本庭園でよく見る「うっそうとした緑」と「ゴツゴツした岩」ではな

時間があれば、喫茶付き入場券がおすすめ。

お好みの飲み物
（抹茶、コーヒー、白桃ジュースなど）

＋ お好みのスイーツ
（抹茶もなかアイス、どらやき、
ロシアケーキなど）

無鄰菴オリジナル
どらやき（数量限定）

【イラスト3】

い。東西に細長い庭の真ん中部分がほとんど芝生で、スカッと抜けているのだ。芝生面は、丘とも呼べないような微妙な起伏がつけられ、その間をそよそよと川が流れる。置かれた石も平べったい。里山のような穏やかな風景だ。西澤さんが「山縣有朋は優しい人」といったのは、こういう意味だったか。

案内してくれた植彌加藤造園・知財企画部部長の山田咲さんはこう話す。「今は、古くからあった自然のように見えますが、辺り一面が畑や松林だったそうです」。なるほど、だからこういう視線の抜けがつくれたのか。もともと森だったら、なかなかこうはできまい。「日本庭園のメインの視対象（眺める対象物）に芝生を使うということ自体、当時の京都ではとても珍しかったようです」（山田さん）

母屋の2階

この施設は京都市の所有だが、2016年から指定管理者制度で植彌加藤造園が管理運営している。

【イラスト3】

母屋の2階から庭を見下ろすのも気持ちがいい。

東西に細長い三角形の敷地を生かし、両サイド（南北）に高木も植えて、パースペクティブを強調している。視線の先には東山の稜線。

↑東山

琵琶湖疏水からの取水口（滝）

第2取水口

茶室（移築）

母屋

N

→：視線

明らかに西からの見え方重視。

門

洋館

【イラスト4】

建物内から見るための庭？

あくまで筆者の主観だが、この庭園は、「建物内から見る」ことを最優先してつくられていると思う。面倒くさがりの人は、庭園を散策せずに、涼しい母屋の中から庭を見るだけでも魅力の80%は味わえる。"建築体験としての庭"なのだ。

なぜそう思うかというと、1つは、庭の配置。母屋から見て手前（西）側を芝生で開放的につくり、奥（東）にいくほど両側（南北）から高木がせり出してくる形にした。これは限られた敷地で遠近感を強調するためだろう。そして、東側の緑の上には、庭のパースペクティブと呼応するように「東山」の稜線（りょうせん）を見せる。【イラスト4】

もう1つは、庭から見たときの母屋2階の屋根の形。寄せ棟の北側が垂直に切り落とされたような形なのである。

最初からこんな変な形の屋根をつくる棟梁がいるとは思えない。これは、母屋の建設途中か、あ

変な形の屋根！

庭園から母屋をみる

母屋の玄関を
上がると、坪庭
ごしに、東側の
庭園がちらり
と見える。

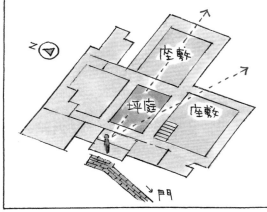

座敷

坪庭

座敷

門

日本的ではない間取り。
「坪庭をつくりたかった」
というよりも「坪庭ごし
に庭園が見える」と
いう演出がしたかった
のでは？

【イラスト5】

るいは建設後に思い立って坪庭をつくったからでは
ないか。なぜそんなに坪庭をつくりたかったかとい
うと、おそらく、玄関から坪庭ごしに、庭園が見え
るという、「チラ見」の演出がしたかったからだろう。
山縣は西側からの見え方にそのくらい自信を持って
いたのだ。【イラスト5】

遠近感や起伏を
巧みに利用

　とはいえ、その魅力を100％、いや120％味わ
うにはやっぱり庭を散策したい。
　「飛び石」「砂利道」「結界」といった日本庭園の"作
法"は奥が深過ぎて門外漢の筆者には語れない。
それは現地で案内のスタッフに聞いてほしい。だが、

そういう作法を知らなくても、建築好きにはいろい
ろと発見がある。
　例えば、水の流し方。琵琶湖疏水からの取水口
は敷地の東端にあって、水はそこから滝のように一
気に落とされた後、緩やかな傾斜でいったん池のよ
うに広がり、母屋近くでは細いせせらぎとなる。池

水源は
琵琶湖疏水。

庭園の東端

洋館の2階では、1903年、日露戦争開戦について話し合う
「無鄰菴会議」が開かれた。
　　　　　　　　　　　折り上げ格天井

みんなモケ…

山縣、伊藤、桂、小村

山縣有朋、伊藤博文、
桂太郎、小村寿太郎に
よる密室会議。庭は
散策したのかなあ…。

【イラスト6】

は、母屋の座敷からは見えそうで見えない。これ
は庭園を散策したくさせる誘導だろう。

　そして、池やせせらぎの水深が驚くほど浅い。ど
こも水底が見える浅さだ。よく埋もれないなあ、と
思っていたら、山田さんが教えてくれた。これは頻
繁に庭師が箒で泥を除去しているのだという。一
見、穏やかな里山に見えるが、限られた水量を効
果的に見せる"考
え尽くされた庭"
なのだ。

　筆者はひねく
れ者なので、山
縣が「優しい人」
だったかはわか

せせらぎ

らない。だが、山縣が並外れた建築的センスの持
ち主だったことはわかる。たぶん、建築家になった
としても名を成したのではないか。

市民を巻き込み、
文化財を「育む」

　ところで、無鄰菴は「国指定名勝」という文化
財でありながら、運営者の植彌加藤造園に対して
「2020年度グッドデザイン賞」や「2020年度日本
造園学会賞」が授与されている。明治期のものな
のにどういうこと？

　グッドデザイン賞も日本造園学会賞も、市民を巻
き込んだ運営が評価された。1つは「無鄰菴フォス
タリング・フェロー」という制度。市民ボランティ

無鄰菴

所在地：京都市左東区南禅寺草川町 31
建築主：山縣有朋
作庭：七代目小川治兵衛
造園期間：1894 〜 1896 年
敷地面積：3394 ㎡

[母屋]
完成：1896 年（明治 29 年）
設計：不詳
施工：不詳
構造・階数：木造、平屋建て、一部 2 階建て

[洋館]
完成：1898 年（明治 31 年）
設計：新家孝正
施工：清水満之助
構造・階数：レンガ造、2 階建て

[茶室]
完成：1895 年（明治 28 年）ごろに移築
構造・階数：木造、平屋建て

アに庭の文化財としての価値を教え、施設の中でそれぞれのペースで活動してもらう「ともに庭を育む」体制を築いている。

　もう 1 つはさまざまなイベント。お茶や和菓子のイベントはもちろん、写真展やアート展など意外な企画も実施している。

明治の転機となった「無鄰菴会議」

　イベントでは茶室や洋館も活躍する。洋館について少しだけ触れておくと、このレンガ造 2 階建ての建物は、1903 年（明治 36 年）4 月 21 日、「無鄰菴会議」という歴史的な会議が開かれた場でもある。折り上げ格天井が特徴的な 2 階応接室で、山縣有朋、伊藤博文、桂太郎、小村寿太郎の 4 人により、日露戦争前夜の外交方針を話し合う会議が開かれた。この部屋は通常、障壁画の保存のため窓が閉め切られているが、会議の開かれた 4 月 21 日は特別に換気も兼ねて外光を入れて公開している。【イラスト 6】

　実は、西澤さんが無鄰菴を案内してくれたのは、日建設計ヘリテージビジネスラボが無鄰菴の 3 棟の建物（母屋、茶室、洋館）の耐震調査を担当しているからだ。いずれ何らかの工事が実施されると思われる。

雪景色に映える！

12 裏方聖職者が残した女王のティアラ

函館ハリストス正教会

「函館ハリストス正教会」には何度か来たことがあったが、冬に来たのは初めて。雪景色もいい！まるで、雪の女王のティアラ。

絵になる！

【イラスト1】

「函館ハリストス正教会」は函館に観光に行く人が必ず行くであろう名所である。正式名は「函館ハリストス正教会復活聖堂」。函館山の麓（ふもと）にあり、元町と海を見下ろす好ロケーション。国内の教会をたくさん見てきた筆者だが、この教会はモダニズム以前の教会建築の中で飛び抜けて美しいと思う。まるで雪の女王のティアラのようだ。【イラスト1】

ここに取材に来たのは2015年以来、2回目。今回は函館ツウの人も建築ツウの人も知らないような突っ込んだ話を書く。

現教会は二代目
設計は河村伊蔵

まず、前提として知っておいてほしいガイドブックな話を少々。現在の函館ハリストス正教会の建物は、1916年（大正5年）に建てられた二代目だ。初代聖堂は1907年（明治40年）に函館大火で焼失。それを建て替えたものだ。

「聖堂内部は高い丸天井や当時ロシアからもたらされたイコン（聖像）やイコノスタス（聖障）が、

南側外観

聖ニコライ 1836-1912

正教の伝道者として初めて日本に渡り、函館ハリストス正教会の司祭となる。後に東京・神田に拠点を移す。

才能に気づく。

河村伊蔵

聖職者ながら独学で建築の知識を得て、多くの教会を設計。

1865-1940

函館山の売店で思わず買ってしまったスノードーム。絵になる!

【イラスト2】

聖堂外部では真白な漆喰壁や鐘楼と聖堂の緑青がふいた屋根に独特の装飾で据えられた十字架などが特徴」と、教会の公式サイトにはある。

セルギイ主教の下で設計を担当したのは、河村伊蔵（1865～1940年）だ。今回、突っ込みたいのは、どの紹介記事でもサラッと書かれているか、あるいは全く触れられていない「河村伊蔵」という人についてである。この人（今回はあえて「建築家」ではなく「人」と書く）は、筆者がとても共感する人生を歩んだ人なのだ。

聖ニコライが気づいた 河村の才能

河村伊蔵を語る前に、聖ニコライ（1836～1912

年）についても知っておいてほしい。東京に住む人なら、神田の「ニコライ堂」をご存じだろう。そのニコライだ。【イラスト2】

函館は、日本における正教会（キリスト教の教派の1つ、東方正教会ともいう）の第一歩となった場所だ。江戸幕府はロシアと1855年に日露和親条約、1858年に日露修好通商条約を締結し、箱館（現在の函館）を開港。この年、初代ロシア領事が箱館に来航し、1860年、丘の上のこの場所にロシア領事館を建てた。そのとき、セットで建てたのが初代ハリストス正教会だ。

翌年（1861年）、青年だった聖ニコライがロシアから来日。この教会の司祭となる。函館で約10年、伝道の足掛かりをつくった後、1872年（明治5年）

河村の建築はプロポーション感覚が素晴らしい。どれも気品がある。

← 修善寺ハリストス正教会（1912年）は、塔のみでシンプル。

豊橋ハリストス正教会（1913年）は、クーポル（丸い屋根）＋塔。

クーポル

白河ハリストス正教会（1915年）は、クーポルのみ。

そして函館（1916年）はクーポル5＋塔。

【イラスト3】

に東京・神田に拠点を移し、日本全国で正教会の伝道を始める。

そして主役の河村伊蔵。この人も函館の人ではない。1865年、現在の愛知県南知多町に生まれた。河村は1883年、18歳のときに地元の内海正教会（現存せず）で洗礼を受け、モイセイ河村伊蔵となる。

その後、東京に移り、神田の正教会の学校で学ぶ。副輔祭として聖堂の庶務に就き、不動産や財産の管理を担当するようになる。20代半ばごろには、ニコライ堂（東京復活大聖堂）の建設にも携わったとみられる。

やがて、河村自身が各地の聖堂建設の陣頭指揮を執るようになる。河村に目をかけ、そうした役割を与えたのは聖ニコライだったことがニコライの日記などに書かれている。

非建築出身の
大器晩成型

河村はもともと正教会の庶務係だったわけである。専門的な建築教育を受けた形跡はない。ロシアに渡って本場のハリストス正教会を見たという記録も残っていない。独学の営繕課長のような人だったのだ。

記録に残る河村の実績で古いのは、「松山ハリストス正教会」。これは1908年完成（現存せず）で、43歳のとき。現存するもので有名なのは「豊橋ハリストス正教会」で、1913年に完成した（国の重要文化財）。2年後の1915年に「白河ハリストス正教

河村 伊蔵
（子）↓
内井 進
（孫）↓
内井 昭蔵

河村の子の内井進もまた
設計の道に進み……、

金成ハリストス
正教会（1934年）
by 進

孫の内井昭蔵
は、戦後の建築界
をリードする大建築
家となった。

昭蔵は仏教施設
も手がけた。
身延山久遠寺宝蔵
↓（1976年）

まるで教会のような
← 蕗谷虹児記念館
（1987年）by 昭蔵

【イラスト4】

なんて丁寧な
デザイン…

塔を見上げる

会」が完成。翌年に集大成ともいえるこの函館ハリストス正教会が完成した。約70年後の1983年に国の重要文化財となった。【イラスト3】

　なぜ筆者が河村の人生に共感を覚えるかというと、1つには河村が正式な建築教育を受けていないからだ。私事になるが、筆者も文系出身である。そしてもう1つは、代表作が50歳前後で完成した大器晩成タイプであること。これも、50歳を過ぎて「画文家」として独立した筆者としては、大いなるロマンを感じてしまう。

息子、孫へと
受け継がれた審美眼

　さらに1つ付け加えると、河村はおそらく天才タイプではなかった。あるとき突如、設計の才能が開花したわけではなく、地道な努力の人だったと思われる。

　なぜそう思うかというと、現在の長司祭であるクリメント児玉慎一さんが「近年の研究によって、河村伊蔵がロシアの教会事例集のようなものを丹念に調べて設計していたことがわかってきました」と教えてくれたのだ。

《令和の耐震補強図解》

八角屋根の小屋組みの裾部分を、八角形の鉄骨フレームで補強。

ガッチリ！

南側は → 修復のみ。

N

レンガ壁に穴をあけてアラミド繊維のロッド（棒）をさし込み、基礎に新設したコンクリートのおもりと緊結。

ピン!!

【イラスト5】

なるほど、それで合点がいく。建築教育も受けず、ロシアを視察したわけでもない河村が、あれほど高密度なデザインを実現できたのは、元ネタがあったのだ。確かに河村が参考にしたとみられる事例集には、函館ハリストス正教会と似た教会の図面があって、2つの建物のいいとこ取りをして設計したようにも見える。

悪い意味でいっているのではない。丹下健三だって村野藤吾だって、時代を切り開いてきた建築家はみな、海外の作品集をすり切れるくらい研究していた。よくいわれることだが、「学ぶ」の語源は「まねぶ」である。

ちなみに、息子の内井進は父親をサポートしながら建築を学び、「金成（かんなり）ハリストス正教会」などを設計した。そして、孫の内井昭蔵はフリーの建築家となり、「世田谷美術館」「蕗谷虹児（ふきやこうじ）記念館」「浦添市美術館」、「吹上御苑新御所」などを手掛けた。昭和を代表する建築家の1人だ。もし聖ニコライが河村の建築センスを見抜かなければ、孫の昭蔵も建築家にならなかったかもしれないのである。

【イラスト4】

レンガ造の塔を「見えない補強」

そうしたことが語れるのも、建物が残っているからこそだ。そこには後世の人たちの地道な努力がある。

今さらになるが、今回、この教会を取り上げるの

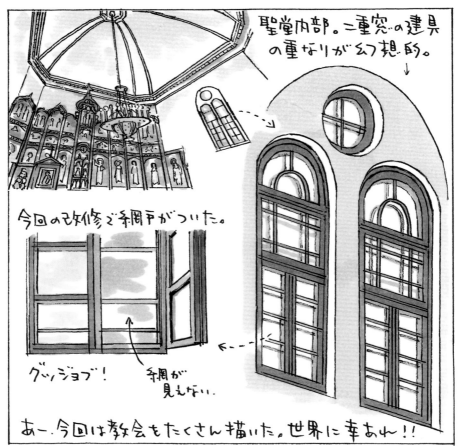

聖堂内部。二重窓の建具の重なりが幻想的。↓

今回の改修で網戸がついた。

グッジョブ！

網が見えない。

あー。今回は教会をたくさん描いた。世界に幸あれ！！

【イラスト6】

階段も かっこいい...

塔に上る階段。ここは一般公開されていない

は、2020年から3年にわたり進められていた聖堂保存修理工事がほぼ終わったからだ。耐震補強を含む工事の設計を、文化財建造物保存技術協会と共に、日建設計が担当した。

「国の重要文化財なので、どこに何をしたのか、全く気づかれない改修を目指しました」。そう文化財建造物保存技術協会の内海勝博さんがいうように、8年前に取材した筆者も何が変わったのか説明されないと全くわからない。

大きなところでは、レンガ造の塔を補強している。それは上部の鐘の部分まで上がるとわかる。

塔の屋根部分は、リング状の鉄骨で固めた。そして塔の足元の部分はレンガの構造壁に穴をあけ、アラミド繊維を差し込んで、地下に新設したコンクリートのおもりに接合。地震時の建物の浮き上が

屋根をガッチリ。

鐘の上部にぐるりと鉄骨補強（白塗装）が施された

函館ハリストス正教会

所在地：北海道函館市元町 3-13
完成：1916 年（大正 5 年）
設計：河村伊蔵
構造：レンガ造
階数：平屋建て・八角塔屋
建築面積：150.9 ㎡

［令和の改修］
設計：文化財建造物保存技術協会、日建設計
施工：曲小小倉工務店・小野建設・山建中川組 JV
施工期間：2021 年 3 月〜2022 年 12 月

12

りや倒壊を防ぐようにした。【イラスト5】

　保存修理では、銅板屋根をふき替えたほか、聖堂内のイコノスタスの補修、床の花ござの再現などを行った。

見えない網戸が
素晴らしい！

　機能アップした部分もある。聖堂側面のアーチ窓に網戸を入れたのだ。これは児玉長司祭の強い要望で実現したもの。実は、今回の取材でこれに一番感動した。アーチ窓はもともと二重窓であったため、外側のガラスと内側のガラスの間のスペースに網戸を入れた。窓を開けていても、網戸の存在が全くわからない。【イラスト6】

　「虫のことを気にせず、窓を開けられるようになりました」と児玉長司祭もうれしそう。これぞ「使う」ための保存技術！

　宝石は毎日使って、手をかけるからこそ美しい。そんなことを思った今回の取材であった。

改修後の聖堂内

13

世界遺産級？村野藤吾の"三毛猫"工場

屋根に注目だニャー。

1899年他完成／北九州市

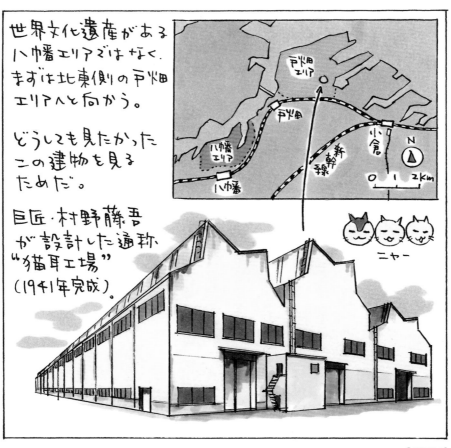

世界文化遺産がある八幡エリアではなく、まずは北東側の戸畑エリアへと向かう。

どうしても見たかったこの建物を見るためだ。

巨匠・村野藤吾が設計した通称 "猫耳工場"（1941年完成）。

ニャー

【イラスト1】

　なんという広大な敷地。今回訪れたのは、北九州市にある日本製鉄九州製鉄所だ。建物を案内してくれた同社の松石長之さん（日本製鉄九州製鉄所八幡地区設備部土建技術課長）も、あまりの広さに「いまだに敷地内で迷うことがある」と笑う。

　日本製鉄九州製鉄所八幡地区は「官営八幡製鐵所」以来の精神を引き継いでいる。1901年に操業を開始した官営八幡製鐵所は、日本の産業の近代化に大きく貢献し、北九州市の発展の礎を築いた。今でも当時の建物が残っており、2015年7月、長崎県の軍艦島（端島炭鉱）などと共に、「明治日本の産業革命遺産　製鉄・製鋼、造船、石炭産業」として世界文化遺産に登録された。

　世界文化遺産の対象となったのは明治政府が建

世界文化遺産の旧本事務所（八幡エリア）

てた「官営八幡製鐵所旧本事務所」「同修繕工場」「同旧鍛冶工場」「同遠賀川水源地ポンプ室」の4施設。ポンプ室（福岡県中間市）以外の3施設は、発祥の地である北九州市の八幡エリアにある。

　今回の取材で最初に訪れたのは、その八幡エリアではなく、車で10分ほど北東に行った戸畑エリ

猫耳は外観のためではなかった。見たことのない光の入り方。

うわ、

照明は少ししかないのに。手元がよく見える明るさ。

【イラスト2】

アだ。そこには、筆者がどうしても見たかった「ロール加工工場」と「ロール鋳造工場」があるのだ。

まずは村野藤吾の "猫耳工場" へ

設計したのは、前者が村野藤吾、後者は長谷部・竹腰建築事務所。いずれも戦時下の1941年に完成した施設で、80年以上たった今も現役だ。現在は両施設とも日本製鉄のグループ会社である日鉄ロールズが所有している。【イラスト1】

日鉄ロールズの敷地に入ると、「ロール加工工場」の "猫耳" の形がチラリと見え、心拍数が急激に上がった。この工場は、建築好きの間では "猫耳工場" と呼ばれている。

筆者は、「米子市公会堂」（66ページ）で書いたように、建築家・村野藤吾の大ファンである。けれども、この "猫耳工場" が現存することは数年前まで知らなかった。これは近年になって "発見" された建築なのである。

どういうことか。村野は1891年、佐賀県満島村（現・唐津市）で生まれ、12歳ごろから福岡県八幡村（北九州市八幡東区）で育った。1910年に小倉工業学校（現・小倉工業高校）機械科を卒業後、一時、八幡製鉄所に勤めた。1918年に早稲田大学建築学科を卒業後、渡辺節建築事務所を経て、1929年に村野建築事務所を開設。太平洋戦争前の1937年に「渡辺翁記念会館」（現・重要文化財）を実現したが、戦中に実作を設計する機会はほと

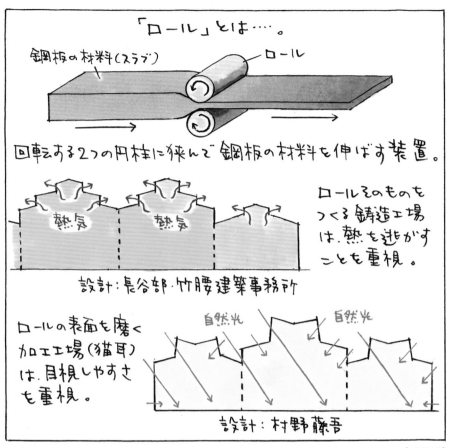

「ロール」とは……。

鋼板の材料(スラブ) / ロール

回転する2つの円柱に挟んで鋼板の材料を伸ばす装置。

熱気　熱気

ロールそのものをつくる鋳造工場は、熱を逃がすことを重視。

設計：長谷部・竹腰建築事務所

ロールの表面を磨く加工工場(猫耳)は、目視しやすさを重視。

自然光　自然光

設計：村野藤吾

【イラスト3】

んどなかった。

　希少な村野の戦中建築を発見する手掛かりをつくったのは、『八幡製鉄所土木誌』をまとめた製鉄所OBの菅和彦さんだ。大正時代から終戦までの建物配置図を調べる中で、ロール加工工場(図面中の記載はロール切削工場)の設計者が「村野・東郷」と記されていることに気づいた。これが「村野藤吾」の誤記ではないかと考え、会社のOB会報で発表。朝日新聞の記者が、村野に詳しい建築史家の笠原一人さん(京都工芸繊維大学助教)にそのことを連絡した。笠原さんは、大学に寄贈されていた村野の図面を調べ、ロール加工工場の図面と一致することを確認。「新発見」として2017年1月9日の朝日新聞で発表された。

見たかった猫耳！

日鉄ロールズ ロール加工工場の外観

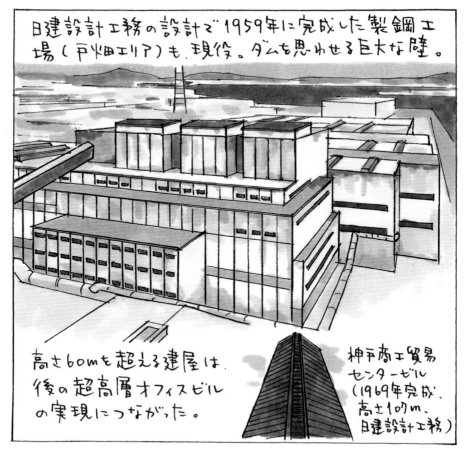

日建設計工務の設計で1959年に完成した製鋼工場（戸畑エリア）も、現役。ダムを思わせる巨大な壁。

高さ60mを超える建屋は、後の超高層オフィスビルの実現につながった。

神戸商工貿易センタービル（1969年完成。高さ107m、日建設計工務）

【イラスト4】

筆者はそんなドラマを知っていたので、外から"猫耳"を見ただけで心拍数が急上昇してしまったのだ。だが、本当にすごいのは工場の内部だった。

カテドラルのような荘厳さ

建物内に足を踏み入れて見上げると、心臓が口から飛び出しそうになる。なんという光の入り方。まるで欧州のカテドラル。【イラスト2】

そうか、3匹の猫耳は、ハイサイドライトの列を繰り返すためのものだったのか。一部にはトップライトもある。両側の2匹の耳の高さを中央の1匹よりも低くすることで、斜め横方向からも光が入る。照明器具はあるが、自然光だけでもかなり明るい。

構造設計が専門である案内役の西澤崇雄さんも、「こんな大空間は初めて見ました」と目をキラキラさせている。

この独特の彩光方法が村野の自己満足でないことは、隣に立つロール鋳造工場と比較するとよくわかる。こちらは前述のように、同じ1941年に長谷

あふれる光。

ロール加工工場内の見上げ

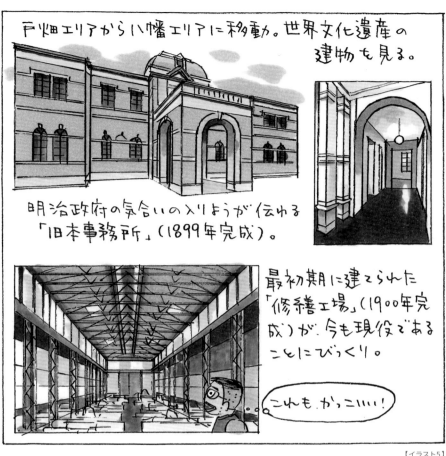

【イラスト5】

部・竹腰建築事務所の設計で完成した。長谷部・竹腰建築事務所（1933〜1944年）は現在の日建設計の前身となった会社である。

ロール鋳造工場は、村野のロール加工工場よりさらに大きいが、外から入る光の量は少ない。しかし、これは村野が設計で頑張ったという話ではない。そこで行われる作業の目的が違うのだ。

製鉄所における「ロール」とは、鋼板の材料（スラブ）を薄く延ばすための金属の円柱のこと。ロール鋳造工場は、このロール自体を鋳造する工場なので、建物内の温度が高くなる。熱を逃がすための屋根のつくりが最優先される。対してロール加工工場は、ロールの表面を精緻に仕上げるために、建物内が明るくなければならない。目視での確認が重要だからだ。【イラスト3】

中の機械設備は交換されているものの、いずれも80年以上前につくられた建屋が、今も使われ続けている。これは、当初の設計の読みが的確だったということ。村野にも、西澤さんの大先輩である長谷部・竹腰建築事務所にも、拍手を送りたい。

転炉建屋や世界遺産の現役工場も

鉄鋼工場を見る機会はめったにないので、いろいろお願いして工場内を案内してもらった。この日、見学した他の施設を足早に紹介する。

日鉄ロールズ内の2つの工場を見た後、戸畑エリア内を車で5分ほど北西に移動し、日本製鉄の

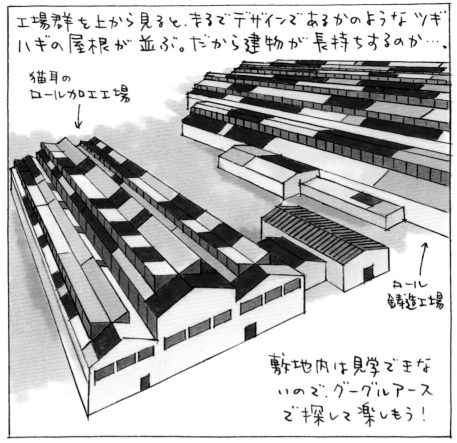

工場群を上から見ると、まるでデザインであるかのようなツギハギの屋根が並ぶ。だから建物が長持ちするのか…。

猫耳の
ロール加工工場

カール
鋳造工場

敷地内は見学できないので、グーグルアースで探して楽しもう！

【イラスト6】

製鋼工場と呼ばれる一角へ。ここでは、1959年に完成した転炉建屋を外から見た。

転炉建屋は日建設計が「日建設計工務」という社名だった時代に設計した施設で、工場の建屋は高さ72.7m。まだ日本に超高層のオフィスビル（高さ60m超）がない時代に、それに取り組む基本技術を養う場となった。【イラスト4】

続いて、戸畑エリアから車で八幡エリアに移動。世界文化遺産である「官営八幡製鐵所旧本事務所」と「同修繕工場」、「同旧鍛冶工場」を見学した。旧本事務所は中央にドームを有する、優雅なレンガ造建築。2014年に耐震補強されて資料館となっている。【イラスト5】

修繕工場と旧鍛冶工場は、それぞれ修繕の作業

場、資料庫として、今も現役で使われている。築120年超で現役って、アンビリーバブル……。

外壁は
「錆が目立ちやすい色に」

ところで、工場内の建物はなぜ建て替えることな

修繕工場

日鉄ロールズ ロール加工工場越しにロール鋳造工場を見る

日本製鉄九州製鉄所

[官営八幡製鐵所旧本事務所] 世界文化遺産
所在地：北九州市八幡東区東田 日本製鉄九州製鉄所内
完成：1899年（明治32年）
設計：不詳

[官営八幡製鐵所旧鍛冶工場] 世界文化遺産
所在地：北九州市八幡東区東田 日本製鉄九州製鉄所内
完成：1900年（明治33年、1917年に現在地に移設）
設計：不詳

[日鉄ロールズ ロール加工工場（ロール旋削工場）]
所在地：北九州市戸畑区大字中原46-59
完成：1941年（昭和16年）
設計：村野藤吾

[日鉄ロールズ ロール鋳造工場]
所在地：北九州市戸畑区大字中原46-59
完成：1941年（昭和16年）
設計：長谷部・竹腰建築事務所

[日本製鉄九州製鉄所 転炉建屋]
所在地：北九州市戸畑区飛幡町 日本製鉄九州製鉄所内
完成：1959年（昭和34年）
設計：日建設計工務（現・日建設計）

13

※上記施設は工場敷地内のため一般公開はされていない。旧本事務所
の外観のみ、敷地に隣接する「官営八幡製鐵所旧本事務所眺望スペース」
から眺めることができる。

く長く使われるのか。日本製鉄の松石課長とともに、工場内を案内してくれた奥村組日本製鉄総合事務所の蓑星裕治建築技術部長が、ヒントになりそうなことを教えてくれた。蓑星部長は日本製鉄の社員だった時代も含め、約30年にわたり、戸畑エリアの建屋のメンテナンスに関わっている。

　敷地内を車で走っているとき、筆者は「新築の建物は水色の壁が多いですね」と蓑星部長に尋ねた。すると、蓑星部長はこう答えた。「我々の大先輩たちがある時期に、建物の外壁は水色にしようと決めたんです。水色は錆が目立ちやすくていいということで」

　なんと！　「錆が目立ちにくくていい」ではなく、「錆が目立ちやすくていい」なのである。

　水色塗装は錆が発生すると目につきやすい。色が変わってくると、そろそろ手を入れる時期だということが工場内の人々に共有される。つまり、築80年、築100年といっても、建物がもとのまま残っているわけではなく、外壁をこまめに塗り直したり貼り替えたりしているから建物が長く持つのである。航空写真を見ると、ロール加工工場とロール鋳造工場の屋根は、まるでパッチワークの布を張ったよう。ロール加工工場は耳が猫なので"三毛猫"に例えるべきか。【イラスト6】

　この模様は80年間の修繕の記録であり、地道な努力の繰り返しによって建物が生き続けているのだ。設計者だけでなく、施設管理を受け継いできた工場の方々にも大きな拍手を送りたい。

14
日本基督教団神戸栄光教会

「創造的復元」が伝えた2つの物語

2004年完成／神戸市中央区

これってヘリテージ？

【イラスト1】

今回訪ねた「日本基督教団神戸栄光教会」は、本書の中で最も「これってヘリテージなの?」といわれそうな建築である。読み終えたときに、「なるほど確かに」と思ってもらえるかどうか、筆者の腕の見せどころだ。【イラスト1】

西側外観

この教会が完成したのは2004年。まだ築20年に満たない。

場所は神戸・元町、兵庫県庁前の三差路。1995年の阪神・淡路大震災で全壊した旧会堂を再建したものだ。旧会堂は大正期から「赤レンガの教会」として市民に親しまれてきた建物である。

2002年に再建の設計コンペが行われ、日建設計が当選。震災から9年後の2004年に完成した。新しい会堂は、ゴシック調の鐘楼と三角屋根が特徴的だった旧会堂の意匠を継承した。だが、いわゆる"復元"ではない。平面や断面も大きく改変しているし、旧会堂の部材を使い回してもいない。かつての意匠を尊重しつつ、現代の技術と材料で「これから教会が持つべき機能」を実現した。【イラスト2】

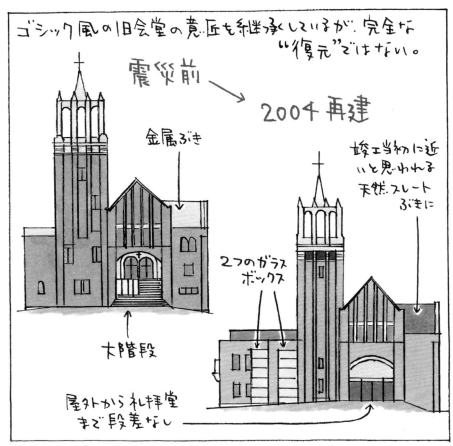

ゴシック風の旧会堂の意匠を継承しているが、完全な
"復元"ではない。

震災前

2004 再建

金属ぶき

竣工当初に近いと思われる天然スレートぶきに

2つのガラスボックス

大階段

屋外から礼拝堂まで段差なし

【イラスト2】

「創造的復元」とは？

南側外観

それでも、完成時には神戸市民に好意的に迎え入れられた。20年たった現在は、震災前からあったように街になじんでいる。完全な復元でなくても、そこにあった"物語"は受け継がれた。

ここでは、ほとんど知られていないと思われる2

つの物語を紹介する。

阪神・淡路大震災で 「瓦礫」として撤去

物語の1つは、"風景の記憶"をめぐるものだ。

神戸栄光教会は1886年、宣教師で教育者・医師でもあったウォルター・ラッセル・ランバス（1854～1921年）が創設した。ランバスは関西学院の創立者としても知られる。

当初は現在地とは別敷地で設立された。阪神・淡路大震災で全壊した旧会堂は、1922年（大正11年）に建てられたレンガ造の建物で、教会史では二代目とされている。

震災当時、耐震補強はされておらず、揺れによっ

1995年1月17日の阪神・淡路大震災で旧会堂は全壊。

1995年4月にテントの「第三会堂」も建設。

2003年4月までの8年間、ここで礼拝を行った。

【イラスト3】

て鐘楼は道路に崩れ落ち、礼拝堂も大きく損傷した。旧会堂は、当時の被災地の補助により「瓦礫(がれき)」として撤去された。【イラスト3】

被災後、教会は大きなテント礼拝堂と小さなプレハブ事務所を建てて活動を続けた。テントの礼拝堂は、夏は暑くて冬寒く、交通騒音の中で礼拝はたびたび寸断された。瓦礫の中から取り出された長椅子だけがかつての記憶を伝えていた。このテントは三代目の意味で「第三会堂」と呼ばれた。

教会員の多くも被災者であったため、新会堂建設の資金調達は難航した。デベロッパーや建設会社からは土地売却による移転新築や、複合化・高容積化による資金調達などが提案されたが、会員は現地での自立再建を目指した。

新会堂の設計案は当初、教会建築に多くの実績を持つ設計事務所が進めていた。しかし、会員たちの思いが強く意見がなかなかまとまらず、プロジェクトは停滞していた。そこに交代着任した相浦和生・主任牧師（故人）は、「このままでは教会がばらばらになってしまう」と考え、指名設計コンペを提案。安田丑作・神戸大学建築学科教授を委員長とする審査委員会が構成された。

いったんは参加を辞退した日建設計

2002年、安藤忠雄建築研究所、一粒社ヴォーリス建築事務所、稲富建築設計事務所、坂倉建築研究所、瀬戸本淳建築研究室、日建設計の6社を

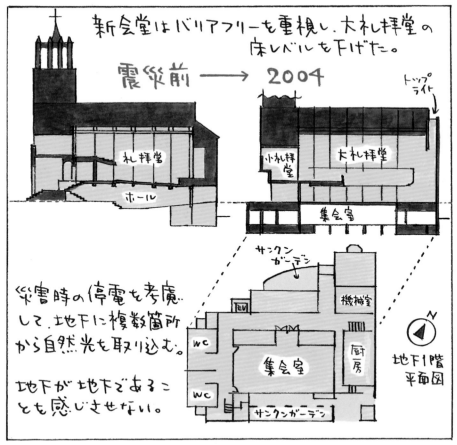

新会堂はバリアフリーを重視し、大礼拝堂の床レベルを下げた。

震災前 ➞ 2004

トップライト

小礼拝堂　大礼拝堂

礼拝堂

ホール

集会室

サンクンガーデン

機械室

災害時の停電を考慮して、地下に複数箇所から自然光を取り込む。

地下が地下であることも感じさせない。

WC

集会室

厨房

WC

サンクンガーデン

N

地下1階平面図

【イラスト4】

指名して、コンペが実施された。

コンペへの参加を求められた日建設計だが、担当した日建設計の児玉謙さんは、「当社にはキリスト教会の実績がなかったので、最初は辞退しました」と、驚きの事実を明かす。それでも会員らから参加を強く求められて参加した。だが、「当初は全く違う案を検討していました」という。

児玉さんはこう続ける。「あのロケーションとキリスト教会という課題を与えられれば、建築家なら誰でも、自らに天才が宿ることを願います。ですが、コンペ要項の示すプログラムを丁寧に読み込むと、旧会堂のボリュームでも納まるものであることがわかってきました。私自身が神戸っ子でもあるので、市民の方々も赤レンガ教会の風景が取り戻される

ことを望んでいるのではと考えるようになりました」
【イラスト4】

2週間の展示期間中に理解が深まる

各提案は、テントの会堂の中に2週間ほどパネル展示された。児玉さんは、「各社の力作が並ぶなかで、日建設計案は当初、人気がなかったようです」と振り返る。しかし、毎週の礼拝で見比べているうちに、建物の中身が一新されていることが徐々に読み取ってもらえるようになった。

2週間の展示後に、全会員への公開ヒアリングが行われ、審査委員会と同時に行われた会員投票の結果が一致。安田教授の「復元的創造を期待す

【イラスト5】

「る」という評とともに、日建設計案が実施案に決まった。

　かつての教会を思わせる再建案の完成予想図が地元の新聞に掲載されると、一般市民からも寄付が寄せられるようになった。設計の参考になる旧会堂のスナップ写真なども寄せられた。コンペから2年後の2004年9月、かつての記憶を伝えつつ最新機能を備えた「第四会堂」が完成した。【イラスト5】

設計者は曾禰達蔵でなく、
難波停吉

　もう1つの物語は、ディープな建築好きならぐっと来るであろう"設計者の記憶"だ。

　二代目会堂の設計者は、「難波停吉」という建築

建設当時の旧神戸栄光教会（設計：難波停吉、1923年）

家である。たぶん知っている人は少ない。筆者も知らなかった。調べてみると、この人が実に面白い。

ウィキペディア（WEBのフリー百科事典）で「神

旧会堂の設計者は、難波停吉。
1890年、栃木県生まれ。工手学校を卒業後、
"フリーの建築技師"として、幾多の名建築に関わる。
例えば……

小笠原伯爵邸（1927年）
設計：曾禰達蔵

アメリカ大使公邸（1931年）
設計：マゴニグル＋レーモンド

木村産業研究所（1932年）
設計：前川國男

戦中は満州で過ごし、1946年
に帰国。1956年に神戸でこの
教会を訪れた後、「出家」を決意。
して僧侶に。1975年、伊豆長岡で没。享年84歳。
若き日に設計した教会を見て何を思ったのか……。

【イラスト6】

戸栄光教会」を調べると、旧会堂の設計者は「曾禰中條建築事務所」と書かれている。ジョサイア・コンドルに学んだ日本の建築家第1期生の1人、曾禰達蔵（1853〜1937年）の設計事務所だ。1922年竣工なので時代的におかしくないし、デザインもそんなふうに見える。

筆者もそれを信じて予習していたのだが、直前に児玉さんから「設計者は難波停吉」と教えられた。竣工時の図面を見せてもらうと、署名欄に「難波建築事務所」と書いてあるので、間違いない。

建築の歴史書の中にも、旧会堂の設計者が曾禰中條建築事務所となっているものがあるようだ。なぜそうなったのか。

以下は、日本建築学会2002年大会で伊藤喜彦さん（当時は東京大学工学系研究科、現在は東京都立大学准教授）が発表した研究内容から拾ったものだ。

難波停吉は1890年（明治23年）生まれ。難波という苗字から関西人を想像するが、生まれは栃木県。養子となって東京で育ち、工手学校（現・工学院大学）建築学科で学ぶ。卒業後の難波は、建築家というよりも「フリーの建築技師」といえそうな立場で活動した。【イラスト6】

戦前に幾多の名建築をサポート

神戸栄光教会の設計者に抜擢されたのは1918年、28歳の時だ。難波はこの教会の会員で、当時

日本基督教団神戸栄光教会

所在地：神戸市中央区下山手通4-16-1
完成：2004年9月（平成16年）
発注：宗教法人日本基督教団神戸栄光教会
設計：日建設計
施工：竹中工務店
構造：鉄筋コンクリート造、一部鉄骨造
階数：地下1階・地上2階

敷地面積：1179.63 ㎡
延べ面積：2213.25 ㎡

14

の牧師に気に入られた。教会が完成すると、翌年には曾禰達蔵の代表作である「小笠原伯爵邸」の現場に参加。1927年の完成に貢献した。その後、アントニン・レーモンドが設計に参加した「アメリカ大使公邸」（1931年）や、竹中工務店の「東京宝塚劇場」（1933年）、前川國男の出世作である「木村産業研究所」（1933年）にも名を連ねている。

　神戸栄光教会の設計者が曾禰中條建築事務所であるとの誤解は、難波が教会の設計開始時に、曾禰中條建築事務所の設計である「日本神戸郵船支店」（1918年）の建設に関わっていたことから生まれたと考えられる。

　それぞれのプロジェクトが時代的に重なっており、事務所を移籍したとは考えにくい。プロジェク

ト単位で契約して、設計や現場を掛け持ちしていたのだろう。

　そしてこの難波停吉という人、戦後の1956年、66歳のときに神戸のこの教会を訪ねた直後、「出家する」と言って寺に籠もってしまう。1975年に亡くなるまで、伊豆長岡で修行僧として過ごした。若き日はキリスト教徒で、晩年は僧侶って……。

　戦前に「フリーの建築技師」という存在がいたことにも驚かされるし、その人の怒涛の戦後にも考えさせられる。新会堂が旧会堂と全く違うデザインであったら、難波の存在自体が忘れ去られてしまったかもしれない。筆者はこれも1つのヘリテージ建築だと思うのだが、いかがだろうか。

「村野藤吾」と「堀口捨己」

本書には2度登場する建築家が2人いる。「村野藤吾」と「堀口捨己」だ。村野は、「米子市公会堂」(66ページ)と「日本製鉄九州製鉄所」内の"三毛猫"工場(106ページ)の設計者として。堀口は「有楽苑」(82ページ)の庭園監修者、「八勝館」(132ページ)内の「御幸の間」他の設計者として登場する。

村野藤吾は1891年佐賀県生まれで、1984年に93歳で亡くなるまで最前線で活躍した。大阪の渡辺節建築事務所に勤務していた頃は、「様式建築」(歴史的なスタイルを重視するデザイン手法)で力を発揮。独立すると、「宇部市渡辺翁記念会館」(1937年)など「表現主義」と呼ばれる自由なデザインに移行する。戦後は、モダニズムを取り入れつつ、「佳水園」(1959年)など独自の和風建築でも活躍した。

堀口捨己は、村野よりも4歳下で1895年岐阜県生まれ。東京帝国大学在学中に、様式建築からの脱却を目指す「分離派建築会」の活動で注目を浴びる。実作では「小出邸」(1925年)や「常滑市陶芸研究所」(1961年)などのモダニズム建築から、茶室「清恵庵」(1973年)まで幅広く手掛け、1984年に89歳で亡くなった。

この2人、共通点が2つある。共に「デザインに変遷があり」、「守備範囲が広い」。ジョサイア・コンドルや辰野金吾のように、教科書に出てくるわけでもないし、丹下健三や安藤忠雄のように「世界で活躍」というわけでもない。だが2人とも、日本の現代建築を楽しみたいならば、絶対に知っておいてほしい建築家だ。

左は「宇部市渡辺翁記念会館」(1937年、設計：村野藤吾)、右は「常滑市陶芸研究所」(1961年、設計：堀口捨己)

Part 3

グルメを楽しむ

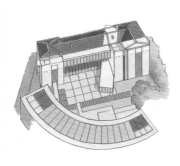

人間は五感でものを認識する。

「Part1 変化を楽しむ」で建築とアート作品の違いについて書いたが、

「五感のうちのどの感覚に訴えるか」も大きな違いだ。

絵画は主に視覚。音楽は聴覚。対して、建築では視覚、聴覚、嗅覚が

同時に刺激され、手すりなどに触れれば触覚も働く。

唯一、欠けているのは味覚。これを刺激すれば、

五感全てで空間を味わう"最強の体験"となる。

本章では、味覚を交えてヘリテージ建築を楽しんでみた。

15 重要文化財でオープンサンドはいかが？

大阪府立中之島図書館

まずは右手のカフェへ！

1904年完成（第1期）／大阪市北区

【イラスト1】

「今回、一番力を入れて伝えたいのはカフェなんです」。案内役である西澤崇雄さんは、事前の打ち合わせでそう切り出した。大阪府立中之島図書館は、名建築中の名建築。筆者も何度か行ったことがあるが、カフェには行ったことがない。どこにそんなものが？と首をかしげる筆者に、「オープンサンドやパフェが有名なんですよ」と、うれしそうに語る西澤さん。堅そうに見えて、意外におちゃめ？

【イラスト1】

今回の目的地は、大阪・中之島にある大阪府立中之島図書館。日建設計の前身である住友本店臨時建築部によって設計され、1904年（明治37年）に開館した。現役の公共図書館としては国内で最も古く、1974年（昭和49年）に、本館と両翼（1922年増築）を合わせて国の重要文化財となっている。約120年の長きにわたり、現役で大阪府民に愛されている図書館だ。

真っ先に
カフェへと直行！

朝9時に図書館前に集合。「人気店なので、お客さんの少ないうちに行きましょう」ということで、真っ先に南翼の2階にあるカフェへ向かう。図書館の正面玄関（2階）でまず目に入るのはドーム状の天井と宮殿のような階段だが、そこを上らずに右に進むと、目指すカフェに着く。

おお、重要文化財に北欧風のインテリアが映える！歳月を感じさせる上げ下げ式の窓に、木の窓

125

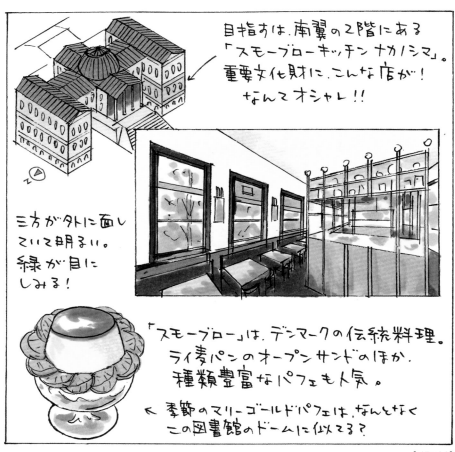

目指すは、南翼の2階にある
「スモーブローキッチン ナカノシマ」。
重要文化財に、こんな店が！
なんてオシャレ！！

三方が外に面し
ていて明るい。
緑が目に
しみる！

「スモーブロー」は、デンマークの伝統料理。
ライ麦パンのオープンサンドのほか、
種類豊富なパフェも人気。

← 季節のマリーゴールドパフェは、なんとなく
この図書館のドームに似てる？

【イラスト2】

枠。木製テーブルやヘリンボーン床のレトロ感が
マッチしている。新築ビルでこの感じはなかなか出
せまい。

「スモーブロー キッチン ナカノシマ（Smorrebrod
KITCHEN nakanoshima）」である。この図書館
では 2015 年に耐震改修工事が実施され、完了後、
一部のスペースが民間に委託されることになった。
2016 年春、南翼 2 階に開業したのが北欧のオープ
ンサンド専門店「スモーブローキッチン ナカノシマ」
だ（内装設計は森井良幸＋カフェ）。【イラスト2】

3方向に見える
緑も贅沢

「スモーブロー（Smorrebrod）」というのは、デ

見た目も美しい！

スモーブローのオープンサンド

ンマーク伝統のオープンサンドのことだ。「Smorre
＝バター」、「brod ＝パン」の意味で、ナイフとフォー
クで食べる、ちょっとリッチなサンドイッチ。筆者
は初めて食べたのだが、ライ麦パンがどの具材に
も合う。

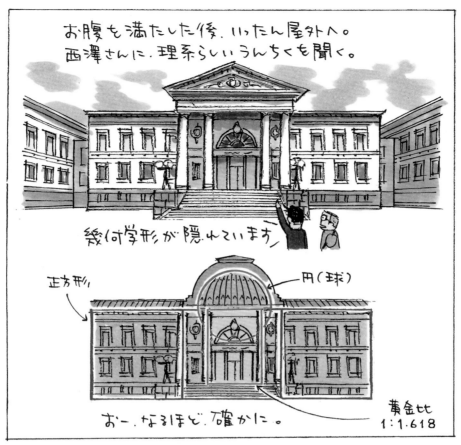

【イラスト3】

この日のお客さんは女性ばかり。だが、店長の岩井麻夏さんによると、「図書館のついでに寄ってくださる男性のお客さまも多いですよ」とのこと。

オープンサンド以外にパフェも人気という。メニューを見ると、季節限定パフェもたくさんあって、目移りする。

岩井店長に、「この空間の好きなところはありますか」と聞くと、「3方向に窓があって、どこからも窓の外に緑が見えます。こんなに自然を感じながら食事ができる場所は、都心では珍しいのでは」との答え。確かにそうかもしれない。

建築目線でいうと、壁に穴を空けないでインテリアが成立していることに感心する。建物が重要文化財なので、壁や天井にくぎを打つことはできない。

それでも全くハリボテ感がない。注文した食べ物を待つ間、特に壁際を注目して見てほしい。

通常営業は午前9時〜午後8時（変更もあるので公式サイトで確認を）。日曜も営業しているので、図書館が休館日でもここは利用できる。うっかり休館日に来てしまった人も、ここを目指せば建物内の雰囲気を味わえる。西澤さんが「レストラン推し」だったのはそういうことだったのか。

建物に隠れる
幾何学形

いったん外に出て、オーソドックスに外観を眺めてみよう。【イラスト3】

図書館の本館（中央部分）は、住友家第15代

改めてエントランスホールへ。天井に「球」を実感。

公菅

子孔

←「八哲」を見渡しながら3階へ。

【イラスト4】

当主である住友吉左衞門友純の寄付によって1904年（明治37年）につくられた。設計は住友本店臨時建築部の建築技師長であった野口孫市と技師の日高胖。建築顧問は辰野金吾が務めた。その後、技師長となった日高胖の設計により、1922年（大

コリント式円柱が並ぶ本館の中央部分

正11年）、本館の両翼（南北）に閲覧室が増築された。これも住友家の寄付だ。

外観はルネサンス後期のパッラーディオ様式で、建物正面はコリント式円柱が並ぶ。ギリシャ神殿を思わせる意匠だ。

正面玄関上の建物名表示は「大阪図書館」。この名は、建設された1904年に「大阪で最初の図書館」であったことを示している。

西澤さんが「先人も指摘していることですが」と前置きしたうえで、いかにも理系なうんちくを教えてくれた。「設計者の野口孫市は、明確な幾何学にのっとってこの建物を設計したようです」

なるほど、確かに。立面（正面の形）が3つの正方形。正面入り口の四角形は黄金比か……。こ

3階中央の記念室は見学可。 まずは、壁のこの人に感謝。

十五代当主 住友家

図書館を寄贈した住友吉左衛門友純。
1865-1926
茶や絵画に造詣が深く、「春翠」の号を持つ教養人。

西側のこの窓は、船の舵（操舵輪）をイメージしたものとも。

圓

【イラスト5】

れは、いわれなければ気づかない。

補足しておくと、黄金比は「人間が最も美しいと感じる比率」といわれている。近似値では「1：1.618」。古代ギリシャの数学者が発案したといわれ、建築にもしばしば用いられてきた。数学的に

言うと、「線分を一点で分けるときに、長い部分と短い部分との比が、全体と長い部分との比に等しい比率」のことで、例えば、ル・コルビュジエが考案した「モデュロール」（24ページ参照）も、この比率を用いている。

ドームには「八哲」
記念室には「舵」

再び中に入ろう。エントランスホールのドーム天井は、ローマのパンテオンを思わせる球面。天井中心部の明るい光は、ドーム上の腰屋根から差し込む自然光だ。【イラスト4】

ドーム天井のやや下にある「フリーズ」（中間帯）には、「八哲」の名が書かれている。階段正面上か

本館の中央部分、正面玄関の上を見上げる

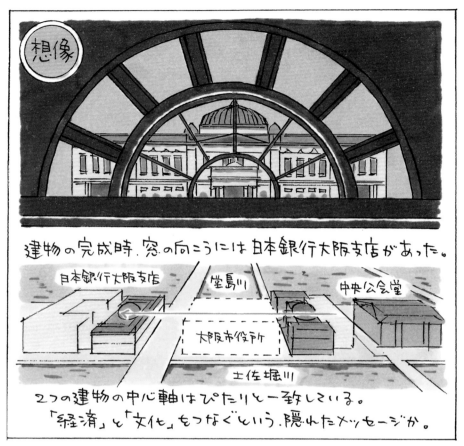

建物の完成時、窓の向こうには日本銀行大阪支店があった。

日本銀行大阪支店　堂島川　中央公会堂
大阪市役所
土佐堀川

2つの建物の中心軸はぴたりと一致している。
「経済」と「文化」をつなぐという、隠れたメッセージか。

【イラスト6】

ら右回りに菅原道真（菅公）、孔子、ソクラテス、アリストテレス、シェイクスピア、カント、ゲーテ、ダーウィンだ。

　優雅なカーブの階段を上って、3階の記念室へ。ここは正面玄関の真上に当たる部分だ。お誕生日席の背後に掛かるレリーフは、住友家第15代当主である住友吉左衛門友純。100年使える建物を寄付してくれたことに感謝。【イラスト5】

　この部屋は、江戸時代に設立された大阪商人たちの学問所「懐徳堂」の集まりでも使われたという。年季の入った木製家具のディテールが味わい深い。

　西側の大きな窓は、船のかじ（操舵輪）をイメージしたといわれる。完成したときには、前年（1903年）に完成した「日本銀行大阪支店」（設計は辰野

金吾）が窓の向こうに見えたはず。西澤さんが「図書館と日銀の中心軸はぴったり合っています」と教えてくれた。「経済と文化をつなぐ」、あるいは「文化が経済のかじを取る」という意味があったに違いない。

【イラスト6】

新設した自動扉により
正面玄関が使用可能に

　ところで、正面玄関から帰るときには、玄関の自動扉をよく見てほしい。

　実は、正面玄関は2015年の改修以前、50年以上も閉じたままの状態だった。扉を頻繁に開閉すると破損する恐れがあったためだ。それを補修し、

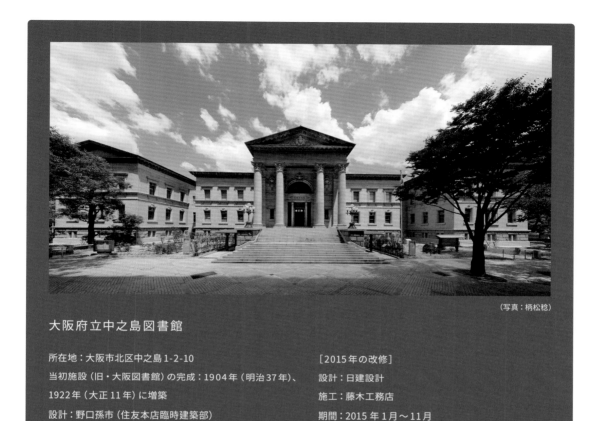

（写真：柄松稔）

大阪府立中之島図書館

所在地：大阪市北区中之島1-2-10
当初施設（旧・大阪図書館）の完成：1904年（明治37年）、
1922年（大正11年）に増築
設計：野口孫市（住友本店臨時建築部）
構造：レンガ造および石造
階数：地上3階

［2015年の改修］
設計：日建設計
施工：藤木工務店
期間：2015年1月～11月

15

開かずの扉が
開いた！

自動扉が設置された正面玄関

さらに自動扉を新設。もとの扉を空けたままの状態で出入りできるようにした。建物を傷つけないよう、自動扉の構造体は1階からの自立柱としている。この改修は、日建設計によるものだ。そんな隠れた工夫によって、今もこの図書館は元気であり続けている。

これぞ和モダン！

16
八勝館
はっしょうかん

祝 重文、魯山人ゆかりの味をモダン料亭で

1950年完成（御幸の間）／名古屋市昭和区

2020年、国の重要文化財となった料亭「八勝館」。9つの施設が対象だが、特に有名なのが堀口捨己の設計による「御幸の間」（1950年完成）。

きっかけは西澤さんですよ。

← 女将さん

えっ？こちらの？

宮沢

案内役の西澤さん

【イラスト1】

「きっかけは、そちらにいらっしゃるニシザワさんですよ」。女将さんの言葉に、目の前にいるニシザワさんを二度見してしまった。思わず懐石料理を食べる手が止まる。えっ？本書の案内役である西澤崇雄さんが、今回のキーマン？【イラスト1】

今回は、2020年に戦後建築として5番目の重要文化財（以下、重文）に指定された料亭「八勝館」を訪ねた。「特別な日に、正装で出かけたい場所です」と西澤さん。すみません、ポロシャツで来ちゃいました。

場所は名古屋から地下鉄で30分ほどの鶴舞線「八事」駅のすぐそば。写真で見ると郊外の山中にあるように思うが、意外なほど都会的な風景の中に、緑に包まれた一画がある。

冒頭の西澤さんの件。聞けば、八勝館が重文に指定されるに当たり、その審査に必要な資料を中心になって作成したのが西澤さんと、堀口捨己（1895〜1984年）の孫弟子である早川設計事務所の岩橋幸治さんだという。西澤さんはヘリテージビジネスラボの業務活動の一環として、資料を作成したとのこと。「八勝館様のお手伝いをしたいと思ったので」と照れ笑い。この人、どれだけ建築が好きなのか……。

魯山人が認めた 旬の味覚を味わう

八勝館は、敷地外からも見える「正門」などを含め、9つの施設が重文に指定された。複数件の

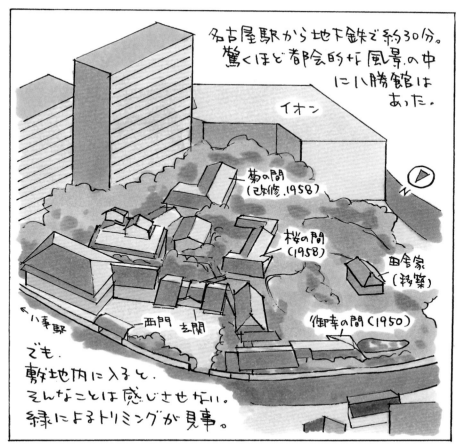

でも.
敷地内に入ると.
そんなことは感じさせない.
緑によるトリミングが見事.

名古屋駅から地下鉄で約30分。
驚くほど都会的な風景.の中
に八勝館は
あった.

イオン

N

菊の間
(改修.1958)

桜の間
(1958)

田舎家
(移築)

御幸の間(1950)

八事駅→

西門 玄関

【イラスト2】

指定なので「いつ完成」といいづらいのだが、特に有名なのが1950年、昭和天皇の宿泊（行幸）のために建てられた「御幸の間」だ。堀口捨己の設計で、これ以降、堀口が八勝館の増改築に関わるようになった。【イラスト2】

ちなみに、八勝館よりも前に重文に指定されていた戦後建築は「広島平和記念資料館本館」（丹下健三、1952年）、「世界平和記念聖堂」（村野藤吾、1954年）、「日土小学校」（松村正恒、1958年）、「国立西洋美術館」（ル・コルビュジエ、1959年、24ページ参照）の4つ。八勝館と同じタイミングで神奈川県立近代美術館」（坂倉準三、1951年）が加わる。2021年には「国立代々木競技場」（丹下健三、1964年）も加わり、戦後建築の重文は計7件となった。「登録有形文化財」は世の中にたくさんあるけれど、「重文」はそのくらい珍しいものなのである。（※その後、香川県庁舎や名古屋テレビ塔が重文に加わった）

そんな貴重な建物を見られるだけでも役得なのだが、「料亭は料理を食べてこその料亭でしょう」と筆者が強く主張したため、昼食を含めての取材になった。この企画、引き受けて良かった。

明治の材木商の別荘を旅館に

昼食の場所は「桜の間」。ここは堀口の設計で1958年に完成した建物で、八勝館では堀口最後の作品。西澤さんの言葉を借りれば「堀口捨己の

食通の北大路
魯山人も食した
という八勝館
の料理をいた
だく。役得。

1883-1959

鮎は目の前
で炭で焼
いてくれた。

ちょっとずつ、いろいろ食べられる
のがうれしい。描くのも楽しい。

【イラスト3】

集大成」だ。ただ、そんなフレーズは途中で忘れるほど、料理がおいしい。旬の食材が小ぶりな器で次々と目の前に現れる。これが伝説の食通・北大路魯山人も好んだという味か……。【イラスト3】

食通として名を残す魯山人は、本業は陶芸家・書家で、自作の器を八勝館に納めていた。八勝館との交流は1930年代初めから魯山人が亡くなる1959年まで続き、頻繁に宿泊もしたという。

食事の後半、庭に突き出した縁台で2人の料理人が鮎を炭で焼いてくれた。背景は一面の緑。気分は魯山人。映画を見ているようだ。

そのまま非現実の世界へと昇天してしまいそうになるが、任務である建物のリポートに戻ろう。まずは、文化庁の重文推薦文を読むのがわかりやすい。

「八勝館は、名古屋市街東方の丘陵地に所在する料亭である。明治時代中期に材木商柴田孫助別荘として建設され、明治時代後期からは料理旅館を営業した。その後も建物を整備、戦後は愛知国体への天皇行幸に備え、昭和25（1950）年に『御幸の間』が堀口捨己によって建設された」

女将さんによれば、堀口は料理旅館だった時代の八勝館のお客様で、天皇行幸が決まった後、急きょ設計者に抜擢されたのだという。

変わり続ける建築家 堀口捨己

「堀口捨己」って誰？と思う方が多いかもしれない。堀口は戦前から戦後への日本の建築デザイン

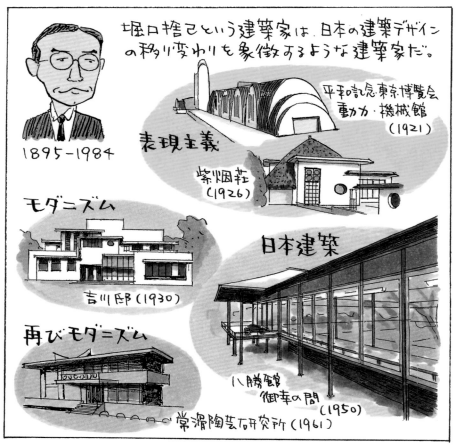

堀口捨己という建築家は、日本の建築デザインの移り変わりを象徴するような建築家だ。

1895-1984

表現主義

平和記念東京博覧会
動力・機械館
(1921)

紫烟荘
(1926)

モダニズム

吉川邸 (1930)

日本建築

再びモダニズム

八勝館
御幸の間
(1950)

常滑陶芸研究所 (1961)

【イラスト4】

の変化を考えるうえで、とても重要な建築家だ。
【イラスト4】

　「捨己」なんて、親はなんてひどい名前を付けるのかと思ってしまうが、漢文式に返り点を打てば「己を捨てる」。古い自分を捨てて、常に新しい自分を求める――。堀口はまさにそんな建築家だった。

　堀口は戦前、東京帝国大学の在学中から建築界で名を知られていた。というのは、東大の同級生だった石本喜久治や山田守らと立ち上げた「分離派建築会」の中心メンバーだったからだ。分離派建築会は「建築は芸術である」という強いメッセージを掲げ、百貨店などで展覧会を開いた。その頃に堀口が提案した建築は、「表現主義」とも呼ばれる自由な造形の建築だ。

　しかし、分離派建築会の活動は当時の建築界のお偉方の反感を買い、堀口は官庁や大手財閥へ就職する道を閉ざされてしまう。戦争が深刻化していったこともあり、次第に実作から離れ、茶室など日本の古典建築の研究に没頭する。その研究成果がようやく発揮されたのが、終戦から5年後に完成した「御幸の間」だった。

桂離宮とは似て非なる
モダンテイスト

　堀口渾身の建築、御幸の間に足を踏み入れてみよう。【イラスト5】

　「あ、明るい!」。御幸の間は、京都の「桂離宮」をモデルにしたといわれるが、空間の印象は全く

136

あ.明るい！ 御幸の間は「陰影」ではなく「光の空間」だった。

建具を全部外した ときには.すごい開放 感でした。

すごそう…

【イラスト5】

違う（ちょっと自慢になるが筆者は桂離宮も取材したことがある）。あちらは、暗がりの中で障子越しに庭の緑がちらちら見える感じだ。まさに「陰影礼賛」の世界。だが、こちらは片面が大判のガラス窓。畳の間も、照明が欄間にまで付いていて、伝統の

御幸の間にある欄間。南方渡りの古代裂（こだいぎれ）を用いている

和室とは隔絶した明るさがある。

　個々の構成要素には「和」の作法を採り入れながらも、空間としては明らかに開放感重視のモダニズム建築なのだ。

　魯山人は八勝館の中でも「梅の間」という古い部屋を好んだそうだが、御幸の間のこのモダンテイスト、どう思っていた

御幸の間。特徴的な鴨居位置の照明

御幸の間から庭を望む。緑がまぶしい開放的な室内空間

なんと、御幸の間の
窓は、単板ガラスから
真空ガラスに変わって
いた。

Low-E
ガラス ── 板
　　　　　　　ガラス

Low-E
膜 ── 真空

断熱性、遮音性ともに高し。

天井や欄間の照明は、
省エネ・長寿命のLEDに。

御幸

今どきの重要文化財は、歴史価値だけでなく、機能もすごい。

【イラスト6】

のかなあ……。

　などと考えながら写真を撮りまくっていると、女将さんが「以前、ガラスを真空ガラスに取り換えた際、建具を全部外したときにはすごい開放感でした」とナイスなエピソード。確かに開放感がすごいだろうなという想像図に驚くとともに、ガラスが高断熱の真空ガラスに変わっていたという事実にも驚く。【イラスト6】

　ちなみに照明は、当初の蛍光灯からLEDに変わっているそう。重文でありながら機能的には最先端なのだ。

　建築好きは、機会があれば「菊の間」も見てほしい。これは、既存の木造を堀口が改修したもの（1958年）。なんてグラフィカルな空間。御幸の間

グラフィカルな構成！

菊の間

八勝館

所在地：名古屋市昭和区広路町石坂29

完成時期：既存の主な木造建物は明治期。

「田舎家」は築400年（移築）。

「御幸の間」と「残月の間」は1950年。

（昭和25年）

「菊の間」（改修）と「桜の間」は1958年。

（昭和33年）

設計：1950年以降の主な新築・改修は堀口捨己による

はやや優等生的な印象もあるので、筆者にはこちらの方が「建築は芸術である」といっていた頃の堀口の本質に思える。

重要文化財指定書

初めて見た…

女将さんの
言葉に安堵

帰りがけに、額に入った重文の指定書を発見。これは初めて見た。登録有形文化財には金属製のプレートがあるのだが、重文は紙の指定書のみなのだという。

最後に女将さんから。「文化財になったことは大変うれしいですが、それによって訪れにくさを感じる方もいらっしゃるかもしれません。決してそんなことはありませんので、お気軽にいらしてください」。女将さんの言葉で、ポロシャツで来てしまったことへの後ろめたさが吹き飛んだのであった。

17

国立国会図書館　国際子ども図書館

上野の隠れ家で味わう2つのナポリタン

実は「大人の隠れ家」。

1906年開館（帝国図書館）／東京都台東区

今回は「ナポリタン」から始めたい。

「カフェ ベル」@ 国際子ども図書館

with クリームソーダ

乙女建築好き男性
植草千明（田口トモロヲ）

カフェ開業を夢見る
春野藤（池田エライザ）

私、ナポリタンは毎日でも食べられます。

ドラマ『名建築で昼食を』（二〇二〇年放送）より。

【イラスト1】

今回は「スパゲティ・ナポリタン」の話から始めたい。訪ねたのは東京・上野にある「国立国会図書館 国際子ども図書館」だ。その1階にある「カフェ ベル（Bell）」で、2020年の秋ごろからナポリタンを注文する人が急増していると、広報の方がいうのである。

そんなことを聞いたら食べないわけにいかない。我々は施設内を巡る前に、カフェでナポリタンを注文した。クリームソーダを横に並べると、中庭の光を背景に原色のコントラストが鮮やかさを増す。
【イラスト1】

ナポリタン人気は、ドラマ『名建築で昼食を』がきっかけだという。案内役である西澤崇雄さんはドラマ名を聞いてもキョトンとしているが、ドラマが大好きな筆者はよく知っている。説明しよう。

『名建築で昼食を』は、2020年8月から10月まで、BSテレビ東京およびテレビ大阪の深夜帯で全10回放送されたテレビドラマである。原作者は文筆家の甲斐みのりさん（172ページ参照）。

カフェ内観。中庭越しに見えるのはアーチ棟

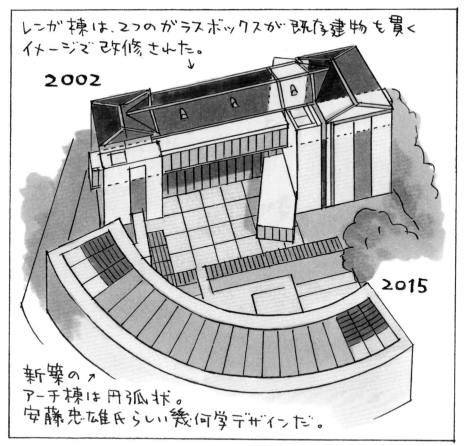

新築の↗
アーチ棟は円弧状。
安藤忠雄氏らしい幾何学デザインだ。

レンガ棟は、2つのガラスボックスが既存建物も貫く
イメージで改修された。
↓
2002

2015

【イラスト2】

ドラマは、建築巡りが趣味の植草千明（田口トモロヲ）と、カフェ開業を夢見る春野藤（池田エライザ）が毎回1つの建築を見て回り、物語がゆっくりと進んでいく。この施設は、第9話の舞台となった。2人で施設を巡った後、春野藤が「ナポリタンは毎日でも食べられる」と言いながらナポリタンを食べるシーンが印象的だった。

安藤忠雄氏が参画して
大胆改修

そして、今回の主役である「国立国会図書館 国際子ども図書館」（以下、国際子ども図書館）。この施設は「レンガ棟」と「アーチ棟」の2つの建物から成る。カフェがあるのはレンガ棟の1階だ。

【イラスト2】

レンガ棟は、1906年（明治39年）に帝国図書館として建てられ、1929年（昭和4年）に増築された。そして、平成になって増築を伴う大規模な改修を行い、2002年（平成14年）5月に、国際子ども図書館として全面開館した。

改修の設計には、世界的に活躍する建築家の安藤忠雄氏が参画した。旧建物の内外装と構造をできるだけ生かしつつ、「2つのガラスボックスが既存の1階と3階を貫くイメージ」で増築を行った。大規模な地震に備えて免震工法を採用している。

……と、ここまでは、施設の公式サイトのほぼコピーである。ドラマを見た方は「それはもう知ってる」と思っているかもしれない。

原設計者は久留正道(1855-1914年)。

シカゴ万博・鳳凰殿(1893年)の設計者として知られる。平等院鳳凰堂もモチーフにした本格木造パビリオンだ。

MASAMICHI KURU

HOUOU-DEN

フランク・ロイド・ライト(1867-1959)の「プレイリースタイル」にも影響を与えたといわれる。

Oh.. ワンダフル!

←F.L.ライト 26歳

【イラスト3】

建物の下はこんな…

免震層

工法による安全性能の強化や、内外の細やかな装飾の再現に奮闘したのは日建設計である。

既存建物は「鳳凰殿」と同じ設計者!

そして、ウンチクその2。これはかなり建築に詳しい人でも知らないだろう。1906年に帝国図書館として建てられたもとの建物が、そこらへんの古い洋風建築ではないのだ。

設計の中心になったのは明治期の文部省技師・久留正道(1855～1914年)だ。久留は、日本史でも習うお雇い外国人、ジョサイア・コンドルに東京大学(当時は工部大学校)で直接、指導を受けた草創期の建築家である。

なので、本書ならではのウンチクその1。2002年の改修は安藤忠雄氏が1人で設計を進めたのではなく、日建設計との共同設計である(西澤さんは関わっていない)。「2つのガラスボックスが既存の建物を貫く」というコンセプトは安藤氏だが、免震

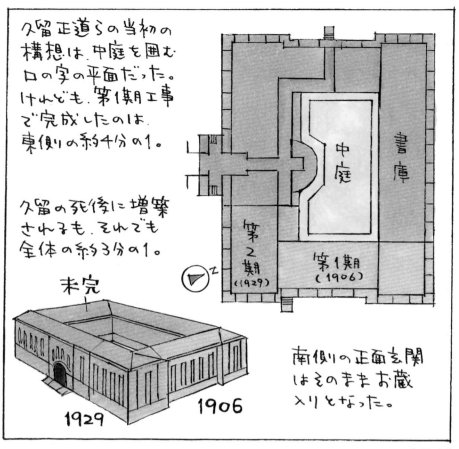

久留正道らの当初の構想は、中庭を囲むロの字の平面だった。けれども、第1期工事で完成したのは、東側の約4分の1。

久留の死後に増築されるも、それでも全体の約3分の1。

未完

中庭

書庫

第2期
(1929)

第1期
(1906)

N

南側の正面玄関はそのままお蔵入りとなった。

1929   1906

【イラスト4】

久留は文部省の技師として教育施設を数多く設計した。この施設のすぐ近くにある「旧東京音楽学校奏楽堂」（1890年、国指定重要文化財）もその1つだ。

久留は、世界に衝撃を与えた有名な建築を実現している。それは1893年に米国・シカゴで開かれたシカゴ万国博覧会の日本館「鳳凰殿」だ。【イラスト3】

鳳凰殿は京都の「平等院鳳凰堂」をモデルにした本格的な日本建築で、万博開催中に大変な人気を博すとともに、海外の建築家に大きな影響を与えた。有名なところでは、フランク・ロイド・ライト（1867～1959年）。ライトの「プレイリースタイル」と呼ばれる水平性を強調したデザインは、この鳳凰殿に影響を受けたといわれている。

未完の正面玄関を
ガラスボックスで

安藤忠雄氏と日建設計による"平成の大改修"の狙いを知るには、久留らが目指した図書館の最終形を知っておいた方がいい。

現在の姿は、全体の3分の1ほどなのだ。本当は、上のイラストのようなロの字平面の巨大建築になるはずだった。【イラスト4】

シカゴ万博鳳凰殿の時には38歳だった久留だが、帝国図書館の設計に挑んだのは脂の乗り切った50代。さぞや気合が入ったに違いない。しかし、政府が軍備を優先したなどの事情もあり、計画どおりには建設が進まず、1906年時点での第1期工

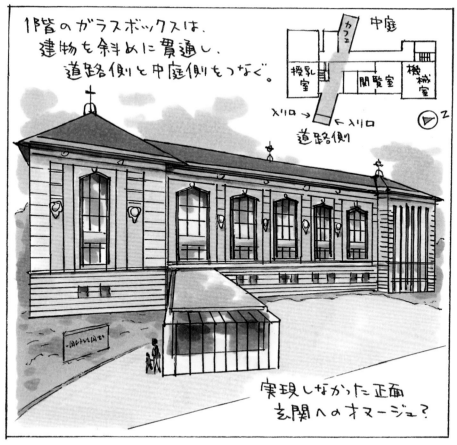

【イラスト5】

事部分（レンガ造）は、当初計画の4分の1の規模にとどまった。そして、2期の工事が始まらぬまま、久留は1914年に亡くなる。

　図書館は1923年の関東大震災でも倒壊はしなかったが、傷みは激しく、1929年（昭和4年）に第2期工事として北側に鉄筋コンクリート造で増築が行われた。それが今日に残る姿だ。

　元の平面図を見るとわかるが、久留らが考えた「正面玄関」ができていない。平成の大改修で安藤氏は、2つのガラスの直方体を既存の建物に貫通させることを考えた。1つは1階の道路側から中庭側に斜めに貫くガラスボックス。もう1つは中庭側の地上3階レベルで、昭和期の増築部を貫通して宙に浮くガラスボックスだ。【イラスト5】

　前者のガラスボックスは、実現しなかった正面玄関へのオマージュともいえよう。斜めの軸線は来館者を中庭へと導く。ガラスボックスの中庭側は、ナポリタンを食べたカフェだ。2015年に増築されたアーチ棟は、この斜めの軸線を受け止めるように円弧を描いている。

見えないはずの
外壁や装飾が見える

　3階に浮かぶガラスボックスは中庭を見下ろすラウンジだ。床が既存の外壁の外側にあるので、外壁のタイルや装飾を間近に見ることができる。【イラスト6】

　案内してくれた国際子ども図書館企画協力課広

145

【イラスト6】

３階のガラスボックスは南側が第2期部分を貫通。出っ張り部分から外壁の装飾がよく見える。

中庭から外観を見ることも忘れずに。夜景も素敵。

天井がショートケーキみたい。

児童書ギャラリー

報係長・福井千衣さんのお気に入りポイントは、「3階のホールから突き出したガラス張りのアルコーブ（くぼみ状の部分）」や「2階児童書ギャラリーのショートケーキみたいな天井」とのこと。

他にも見どころを上げたらきりがない。こんな素敵な施設なのに、上野に数ある文化施設の中では認知度が高いとはいえない。大通りから見えづらいことに加え、「子ども図書館」という用途に「自分と関係ない」と感じる人が多いのかもしれない。「お子さま連れでない方にもぜひ来てほしい」と広報の福井さんは力を込めていう。確かに、書架に並んでいる本は大人が読んでも没頭しそうなものばかり。もちろん入場無料。カフェだけでも利用できる。実は、「子ども図書館」という名の「大人の隠れ家」かもしれない。

日本人の発想で生まれた「ナポリタン」

ところで、ドラマの制作陣はなぜ、カフェのメニューの中からナポリタンを選んだのだろうか。見

国立国会図書館国際子ども図書館

所在地：東京都台東区上野公園12-49
［レンガ棟］
第1期工事完成：1906年（明治39年）
原設計：久留正道、真水英夫ほか
レンガ棟全面 改修：2002年（平成14年）
改修設計：安藤忠雄建築研究所、日建設計
改修施工：鴻池組
構造：鉄骨補強レンガ造 昭和期 増築部鉄筋コンクリート造
階数：地下1階・地上3階
延べ面積：約6671.63㎡
収蔵能力：約40万冊

［アーチ棟］
設計：安藤忠雄建築研究所、日建設計
施工：錢高組
構造：鉄骨鉄筋コンクリート造（一部鉄骨造・鉄筋コンクリート造）
階数：地下2階・地上3階
延べ面積：約6184.11㎡
収蔵能力：約65万冊
完成：2015年

17

た目に気取りがなく、ノスタルジーが感じられるから？　いや、それだけではないだろう。深読みし過ぎかもしれないが、筆者には、この施設が「ナポリタン」に思えるのである。

知っている人は知っていると思うが、ナポリタンはイタリアにもとからあった料理ではない。日本で生まれたオリジナルである。

生みの親は、横浜「ホテルニューグランド」の総料理長だといわれる。ゆでたスパゲッティに米兵が塩、こしょう、トマトケチャップを和えたものを食べているのを見て、これをアレンジし、メニューに加えた。そして、横浜の洋食店がそれを"ケチャップねっとり"のものにアレンジ。やがて全国の洋食店や喫茶店に広まった。

久留が設計した第1期のレンガ造図書館はルネッサンス様式の本格洋風建築で、いわば"正統パスタ"だった。それを昭和期にアレンジして増築し、さらに平成に大胆アレンジを加えて、"ナポリタン"になった。……と、そんなことをカフェでナポリタンを食べながら考えたのであった。

ナポリタンとクリームソーダ

18 THE HIRAMATSU 京都

舌と目で味わう京都の伝統と革新

伝統の「拡張」。

2020年完成／京都市中京区

（写真：伊藤 彰／アイフォト）

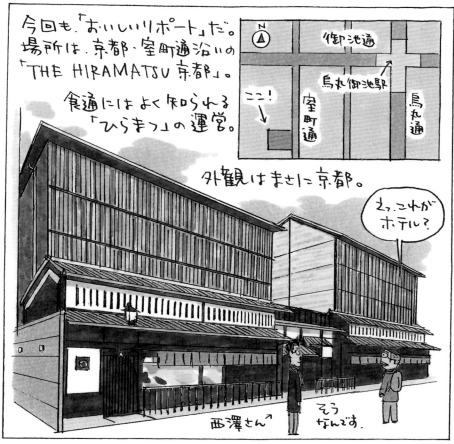

【イラスト1】

え、ここがホテル？　約束の時間にメモの場所に行くと、案内役の西澤崇雄さんが建物の前で待っていた。西澤さんがいなければ、呉服屋か美術商かと思って通り過ぎたかもしれない。

訪れたのは2020年3月に開業した「THE HIRAMATSU 京都」。日建設計が設計の中心となって実現したラグジュアリーホテル。京都の町家を改修・増築したものだ。運営者は、食通の間でよく知られる「ひらまつ」。ここにもレストランがあり、西澤さんは建物の見学後に、食事をごちそうしてくれるという。今回も「おいしいリポート」になりそうだ。【イラスト1】

場所は京都市営地下鉄・烏丸御池駅から徒歩約3分、烏丸通の西に並行に延びる室町通沿い。さ

ほど広くない通りだが、祇園祭では山鉾が引かれる"ザ・京都"ともいえる場所だ。

商業施設には見えない外観

そんな場所にふさわしい、いや、なじみ過ぎでは？と心配にすらなる外観。商業施設に見えない。地

ルーバー見上げ（写真：伊藤 彰／アイフォト）

中も期待を裏切らない。
入り口右手には、いかにも
京町家な、土間のフロント。

入り口から直進す▶
ると、これも京都
らしい通り庭※。
いずれも、太い木材
の柱・梁が大迫力。

※通り庭：
奥行きが長い京町家
に設けられた細長い
庭や通路のこと。

【イラスト2】

上5階建てで、低層部分は誰が見ても京町家。上部は黒っぽい木桟のようなもので覆われており、通り沿いに並ぶ町家の背景のようだ。

後で設計担当者の小畑香さんに聞いてわかったのだが、これは木桟ではなくアルミの鋳物だという。あえて色がばらつくように表面を仕上げており、手が込んでいる。確かにこんなにたくさん木桟を使ったら後のメンテナンスが大変だし、単色のアルミの棒だったら無機的に見えるだろう。その解決のために、現代の技術で京都らしさを生み出しているわけだ。

「現代の技術で京都らしさを」と書いてみて思ったのだが、この施設は全てにおいてそういえるかもしれない。

木ではなくアルミ！

アルミルーバー越しに外の景色を見る（写真：伊藤 彰／アイフォト）

京都らしさの「拡張」

引き戸を開けて建物内に入ると、右手（北側）に商家の待合空間のような土間空間。ここがフロント

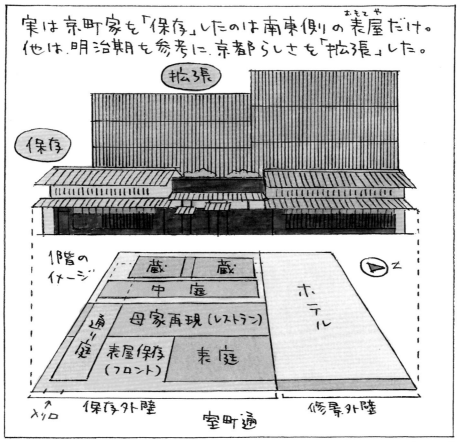

実は京町家を「保存」したのは南東側の表屋（おもてや）だけ。
他は、明治期を参考に、京都らしさを「拡張」した。

拡張

保存

1階のイメージ

蔵　蔵

中庭

母家再現（レストラン）

ホテル

通り庭

表屋保存（フロント）

表庭

N

入り口　保存外壁　　室町通　　修景外壁

【イラスト3】

だ。入り口から西に直進すると、いかにも京都らしい通り庭（走り庭）が延びる。どちらも太い木材の柱や梁が露出しており、迫力がある。【イラスト2】

実は、もともとあった町家を保存したのは、「表屋（おもてや）」と呼ばれていたフロント部分だけ。通り庭は、かつての木造部材を使いながら、同じ位置に再現したものだ。

この敷地には明治期に建てられた木造の町家などがあったが、老朽化が激しく、全てを使うことはできなかった。そこで設計チームは、室町通（東）側に面した表屋を補強・改修して残し、ほかは明治期の「記憶」を継承することにした。

その象徴ともいえるのが先ほどの通り庭で、このほかに室町通側の「表庭」、西側の「中庭」も明治

期の位置に再現した。西奥にあった2棟の蔵も、同じ位置で再現した。単なる京都らしさの「保存」ではなく、京都らしさを「拡張」させたプロジェクトなのだ。【イラスト3】

ちなみに、街路に面した表屋と主屋や蔵を、中庭によって分ける住宅形式を「表屋造り」と呼ぶ。京都に多く見られる町家の形式の1つで、商家に多い。

なぜ商家なのに間口を広く取らず、奥に細長くつくるかというと、かつて家屋に課せられていた税金の仕組みに由来するといわれる。江戸時代の京都では、家の間口の広さが税金の基準の1つになっていた。大きな店を営んでいた豪商も、節税対策として間口を狭くしようとする。そうして「ウナギの

ディナーをいただいたレストランは、こんな大胆空間。

←木造架構

コンクリート
打ち放し
↓

中庭

通り庭

レストラン

フロント

表庭

かつてこの位置にあった木造
の架構を室内に再構築した。
再生した中庭がガラス越しに
見える。「記憶」を伝える内装。

【イラスト4】

寝床」型の建物が増えたのだ。

自立した
木造架構を見せる

「THE HIRAMATSU 京都」のホテル客室は全29室。建物内は、数寄屋建築の工房として国内外に知られる中村外二工務店の中村義明氏が監修し、客室内は同氏の指導の下、IATが内装設計を担当した。伝統の中に現代性がほのかに漂う空間だ。

ホテルにはレストランが2つある。いずれも1階の中央部分で、やや小さめの「割烹 いずみ」と、広めのイタリア料理「リストランテ ラ・ルーチェ」が東西に並ぶ。そして2つのレストランをまたぐように木造の柱・梁が架かる。この位置にあった木

造架構の一部を再現したのだ。室内に自立した木造架構が立っているインテリアは見たことがない。
【イラスト4】

ホテル客室の窓側（写真：伊藤 彰／アイフォト）

152

自分では食べたことのない高級なイタリアン。

出るもの出るもの、全てがおいしい！

これは前菜↓の盛り合わせ

設計担当の小畑さん
←西澤さん

パスタもおいしい！

この連載、やってて良かったです！

←テンションが上がる宮沢

【イラスト5】

いよいよ「おいしいリポート」！

そして、お待ちかねの「おいしいリポート」。今回

繊細な内装。

ホテル客室の中央部（写真：伊藤 彰／アイフォト）

いただいたのは、イタリア料理「リストランテ ラ・ルーチェ」のディナーコース。【イラスト5】

イラストは、序盤の前菜の盛り合わせ。「鮪と松茸のカルパッチョ」と「季節野菜のグリリア 柴漬けバーニャカウダーソース」だ。筆者は前菜だけでノックアウト。「季節野菜のグリリア」（イラストの中央）はそのままでも十分おいしいのに、これを付けて食べる「柴漬けバーニャカウダーソース」（イラストの左下）ってイタリアなのか京都なのか……。ソースだけでもずっと食べていられる。

この「柴漬け＋オリーブオイル」に象徴されるように、続くメニューもひと癖あって記憶に残る味だった。

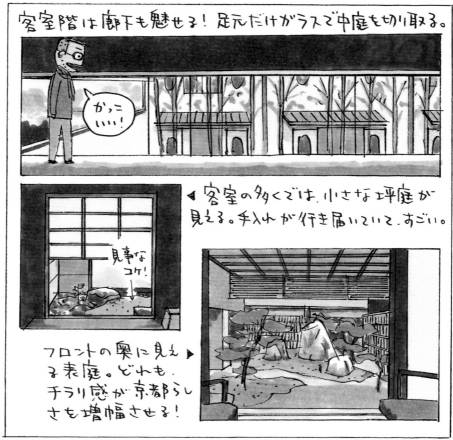

客室階は廊下も魅せる！足元だけガラスで中庭を切り取る。

かっこいい！

▶客室の多くでは、小さな坪庭が見える。手入れが行き届いていて、すごい。

見事なコケ！

フロントの奥に見える表庭。どれも、チラリ感が京都らしさを増幅させる！

【イラスト6】

ひらまつ初の都市型ホテル

「THE HIRAMATSU 京都」の総支配人はこう話す。「オーベルジュ（郷土料理を提供するレストラン付きのホテル）からスタートしたひらまつにとって、ここは初めての都市型ホテル。京都の伝統的文化を伝える空間で、食を中心とした、ここだけのおもてなしを体験していただきたい」

個性的な建築の中でも総支配人が特に気に入っているのは、「庭の見え方」とのこと。確かに、フロントや和食割烹から見える表庭をはじめとして、ホテルの廊下から見える中庭、客室から見える坪庭など、「切り取られた庭」が印象的だ。大きな庭を

全面ガラスでバーンと見せるのではなく、小さな庭を効果的にトリミングして見せるのも、京都の伝統の技だ。料理も建築も「伝統と革新」は表裏一体なのだ、と改めて思う。【イラスト6】

「割烹いずみ」から表庭を見る

（写真：伊藤 彰／アイフォト）

THE HIRAMATSU 京都

所在地：京都市中京区室町通三条上る役行者町361

完成：2020年1月（令和2年、同年3月18日開業）

事業主：NTT都市開発

ホテル運営：ひらまつ

基本設計・実施設計監修：日建設計

実施設計・施工：大林組

内装デザイン監修：中村外二工務店

レストラン内装設計：小谷敏夫設計事務所

客室内装設計：IAT

構造：鉄筋コンクリート造、一部木造

階数：地上5階

客室数：29室

付帯施設：レストラン（割烹・イタリア料理）など

18

2つのレストランは宿泊者以外でも利用できる（ディナーのみ）。西側に再現した蔵はバーとなっており、レストラン利用者は蔵の中も見られる。

「レストランご利用でご来館の際には、フロント周りの内覧もご案内させていただきますので、どうぞお気軽にお声掛けください」と総支配人。「今はちょっとお金が……」という人は、いつかの宿泊のために、まずは、食事で空間を味わってみては。

「リストランテ ラ・ルーチェ」のコース料理

料理も「伝統と革新」。

「リストランテ ラ・ルーチェ」の料理デザート

19
宝塚ホテル
夢の街を彩るショートケーキ

初めてなのに懐かしい…

2020年完成／兵庫県宝塚市

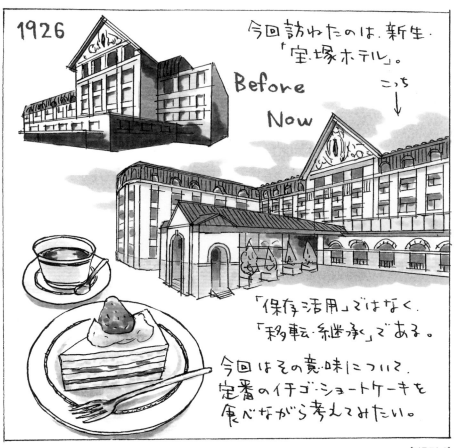

1926
「Before」
「Now」

今回訪れたのは、新生・「宝塚ホテル」。
こっち →

「保存活用」ではなく、「移転・継承」である。

今回はその意味について、定番のイチゴ・ショートケーキを食べながら考えてみたい。

【イラスト1】

宝塚ホテルの取材の後、自腹で1泊した筆者は、翌日の午前中に1階のラウンジでイチゴのショートケーキを食べていた。ここで食べるのは初めてなのに、何だか懐かしい。そうか、昨日、阪急阪神不動産の荒堀省一さん（開発事業本部技術統括部建築グループ）が話していた「歴史の続き」というのは、このショートケーキみたいなものか……。【イラスト1】

いきなり話が結論に飛んでしまったので、前日の取材に戻る。場所はやはり宝塚ホテル1階のラウンジ「ルネサンス」だ。

古塚正治が設計した
旧本館は閉館

宝塚ホテルは実業家・平塚嘉右衛門と阪急電鉄の共同出資により1926年に開業した。以前の本館は、開業当時からの建物だった。設計したのは古塚正治（1892〜1976年）で、大林組が施工を担当した。古塚は早稲田大学建築学科を出た後、宮内省を経て独立。阪神エリアで活躍した。阪急電鉄の創業者は宝塚文化の象徴である宝塚歌劇をつくった小林一三（1873〜1957年）だ。

宝塚ホテルの本館は、鉄筋コンクリート造、地下1階・地上5階建て。竣工から90年以上がたち、老朽化と耐震性の問題などから2020年3月をもって営業を終了。2020年6月21日に新生「宝塚ホテル」がオープンした。

新ホテルの設計を担当したのは、日建設計だ。筆者の古い知り合いである同社の大谷弘明さんと、

二又に分かれた大階段がドラマ感を高めるエントランスロビー。

やあ、宮沢さん

←大谷さん（設計担当）

西澤さん（案内役）

西澤さん、大谷さん、似合う。

いつもの西澤さんと、旧知の大谷弘明さんが出迎えてくれた。

【イラスト2】

部下の山野睦代さんが現地で話を聞かせてくれた。大谷さんは、いつ会っても三つぞろいのスーツをビシッと着こなしているオシャレさんで、宝塚という場所が実に似合う。【イラスト2】

　そんな大谷さんが設計の中心になった新しい宝塚ホテルは、クラシカルな旧宝塚ホテルのデザインを継承して建てられた。

　あれ、本書は古い建物に手を入れて使い続けている例をリポートするんじゃなかったの？　そんな声が聞こえてきそうだ。もちろんそれがメインだが、例外もある。いや、「積極的例外」というべきか。この宝塚ホテルは取材候補のリストの中にあって、筆者が「こういうのもぜひ取り上げましょう」と提案したのだ。

武庫川の対岸に引っ越し

　旧ホテルの本館は兵庫県の景観形成重要建造物にも指定されるヘリテージ建築だった。ただ、筆者も一度だけ行ったことがあるが、90年の間に複雑に増築され、当初の外観がよくわからない立ち方になっていた。

　そもそも旧ホテルと新ホテルは場所が違う。旧宝塚ホテルは武庫川の南岸で、阪急電鉄宝塚南口駅の目の前。新ホテルは、武庫川の北岸で、宝塚大劇場の西側だ。最寄駅は阪急電鉄宝塚駅。かつては遊園地があり、近年は広い駐車場となっていた場所だ。【イラスト3】

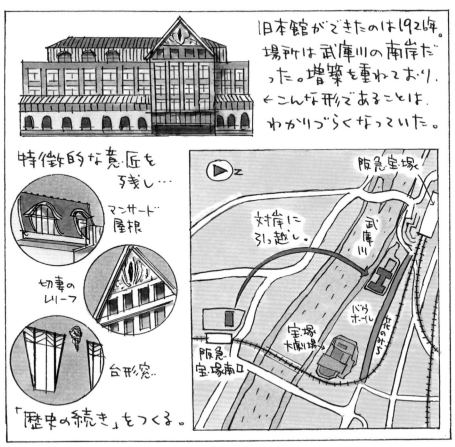

【イラスト3】

旧ホテルの全景（写真：雑誌「建築と社会」大正14年第九輯第五号より）

元の建物を現地でホテルとして使い続けることはできなかった。かといって、鉄筋コンクリート造なので、「分割して移築」というのも現実ではない。そこで、宝塚歌劇と一体となり、宝塚をより一層魅力ある街にすることを願って、この場所への移転が決まった。

"歴史の続き"を
お客様に届ける

移転新築するならば全く別のデザインでもよいわけだが、阪急阪神不動産の荒堀さんらは、旧ホテルの外観・内観のイメージをできるだけ引き継ぐ大方針を立てた。

「旧宝塚ホテルでお客様が重ねられてきたさまざまなシーンには、建物のディテールの一つひとつが映り込んでいるのではないかと考えました。計画では『次の100年、お客様にご愛顧いただける新しい宝塚ホテル』という事業者の思いを掲げて、旧ホテルのデザイン的要素を積極的に継承した歴史の続きをお客様にお届けするホテルとしました」（荒

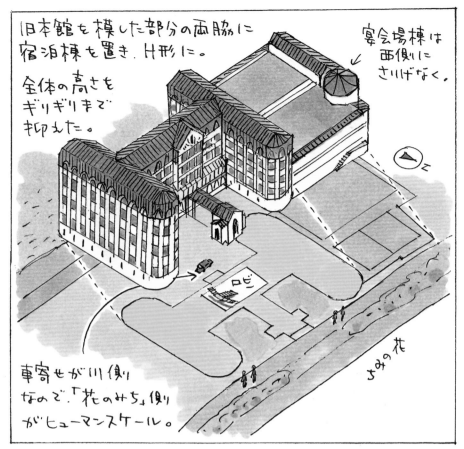

旧本館を模した部分の両脇に宿泊棟を置き、H形に。

全体の高さをギリギリまで抑えた。

宴会場棟は西側にさりげなく。

N

ロビー

車寄せが川側なので、「花のみち」側がヒューマンスケール。

さみの花

【イラスト4】

武庫川の対岸から見る（写真：ナカサアンドパートナーズ）

堀さん）。"歴史の続き"って、すごくいい言葉だ。

低層に抑えた
日建設計案

　具体的には、特徴的な中央の切妻屋根や、その下の壁面に描かれている植物のレリーフ、建物の外

壁を特徴づけるドーマー窓や半円形屋根、アーチ天井を持つ回廊、階段の手すりに施された装飾などを、細部にわたって復元した。緞帳(どんちょう)(小磯良平原画)やシャンデリアなど、使えるものは修繕して使った。

緞帳

　民間事業なので詳細は公表していないが、設計者は数社を指名したコンペで決めた。コンペ段階で旧ホテルの意匠を引き継ぐことは決まっていた。

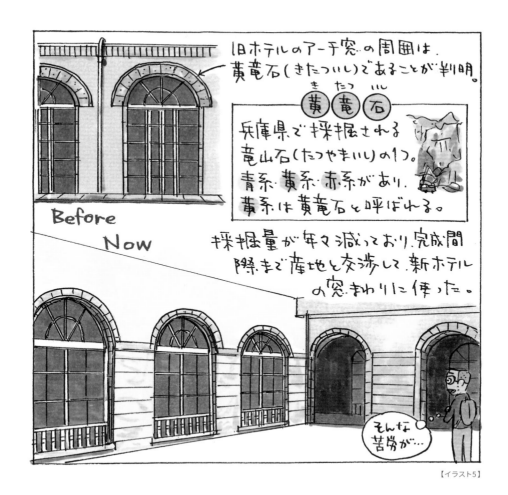

旧ホテルのアーチ窓の周囲は、黄竜石(きたついし)であることが判明。

黄　竜　石

兵庫県で採掘される竜山石(たつやまいし)の1つ。青系・黄系・赤系があり、黄系は黄竜石と呼ばれる。

採掘量が年々減っており、完成間際まで産地と交渉して、新ホテルの窓まわりに使った。

そんな苦労が…

【イラスト5】

日建設計の案が当選した決め手は、"街に対する在り方"だった。他の案には、川側に板状の宿泊棟を建てるものもあったが、日建設計の案は、旧本館とほぼ同規模の建物を前面道路（花のみち）から少し奥まったところに置き、両脇にそれと直交する形で宿泊棟を配置。全体でH形を描くようにした。【イラスト4】

　こうすることで、前面道路側から見たときに、視界が空に抜けやすくなり、また宿泊者を迎え入れるような華やかさも生まれる。

　「街の人にとって大切なのは街並み。阪急グループはそういうことを重視する会社なのだということを街の人に認識してもらうことが何よりも重要」と大谷さんはいう。その思いが事業主側と一致した。

最重要は「街並み」。

前面道路（花のみち）から見る

希少な「黄竜石」への
こだわり

　ディテールへのこだわりは、大谷さんよりも荒堀さんが熱く語ってくれた。外まわりはほぼ新しい材料でつくり直したものだが、荒堀さんが特に執着し

取材の後、ホテルに
1泊してみた。(シングル利用)

インテリアは思ったほど
フリフリではない。男性でも
赤面せずに泊まれる。

あっ

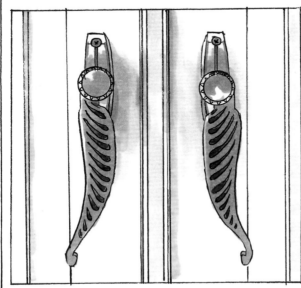

窓の開閉レバー
がかわいいっ!

タツノオトシゴ?

旧ホテルと同じデザ
インを真ちゅうで再
現したという。
レバーをこんなに大き
く描いたの初めて!

【イラスト6】

たのは、アーチ窓の周辺などに使われている黄色っ
ぽい石。調べてみると、旧ホテルに使われていたの
は兵庫県産の黄竜石だった。大谷石に似ているが、
石質はそれよりも硬い。

　荒堀さんは、新ホテルでもなんとか黄竜石を使
いたいと考えた。だが、原石の採掘量が減っていた。
「現場が始まっても調達の見込みが立たず、何度も
石切り場の社長さんに面会いただき、こちらの思い
を伝えて、竣工間際になってようやく必要数量を確
保することができました」(荒堀さん)【イラスト5】

　内部でもさまざまな意匠が継承されている。実
際にホテルに泊まった筆者のツボに一番ハマったの
は、客室のこれ。【イラスト6】

　か、かわいいっ! 客室の窓のレバーである。旧

客室と同じ形状を真ちゅうで再現したという。初め
て泊まる筆者ですらそう思うのだから、旧ホテルの
窓を覚えている人はテンション爆上がりだろう。

最新スイーツと
定番のショートケーキ

　再びラウンジ「ルネサンス」に戻る。筆者は一連
のプロセスを、このラウンジでアフタヌーンティー
セットを食べながら取材した。「リポートの中に食
べ物の絵を入れたい」と事前に伝えておいたら、一
番人気の「ミュージカルアフタヌーンティーセット」
を用意しておいてくれたのだ。さすが今どきの人気
メニューなので、これは映える!

　エビフライを挟んだクロワッサン・サンドイッチ

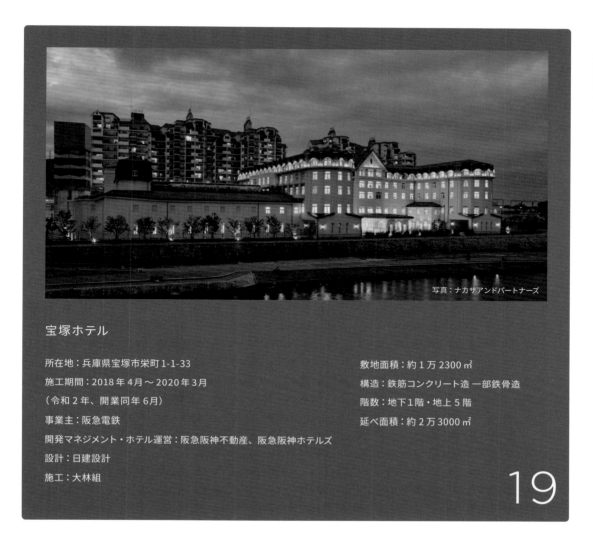

写真：ナカサアンドパートナーズ

宝塚ホテル

所在地：兵庫県宝塚市栄町1-1-33
施工期間：2018年4月～2020年3月
（令和2年、開業同年6月）
事業主：阪急電鉄
開発マネジメント・ホテル運営：阪急阪神不動産、阪急阪神ホテルズ
設計：日建設計
施工：大林組

敷地面積：約1万2300㎡
構造：鉄筋コンクリート造 一部鉄骨造
階数：地下1階・地上5階
延べ面積：約2万3000㎡

19

の意外さにびっくりしたが、これは期間限定（2022年秋）のメニューで、季節によってテーマや食材が変わるのだという。

　アフタヌーンティーセットは見た目だけでなく、一品一品がおいしい。ただ、冒頭にも書いたように、新生・宝塚ホテルにおける「歴史の続き」という姿勢は、翌日に筆者が1人で食べた「イチゴのショートケーキ」なのだと思う。

　こういうことだ。新ホテルで新たに加えられた華やかさは、アフタヌーンティー

アフタヌーンティーセット

セットに例えられる。それには新しいファンを開拓し、オールドファンに新たな発見を与える斬新さがなければならない。

　一方で、荒堀さんらがこだわった「歴史の続き」は、イチゴのショートケーキだ。旧ホテルのラウンジにもそれはあった。華美ではないが、素材の重なりが口の中で確かに感じられるおいしさ。それは、ファンだけでなく、一般の人も懐かしさを覚える。どちらが欠けても夢の街は続かない──。生クリームのついたイチゴをほおばりながら、甘党の筆者はそんなことを考えたのであった。

三段重を食べつつ思う、ヘリテージの未来

「使う」時代へ。

1603年他完成／京都市中京区

【イラスト1】

「二条城で昼食を」——。案内役の西澤崇雄さんから、「次は二条城の香雲亭でランチを食べる取材です」と聞いたときから、そのフレーズが頭に浮かんでいた。ドラマ『名建築で昼食を』（172ページ参照）のもじりである。【イラスト1】

二条城内にある通常は非公開の木造建築「香雲亭」。そこで食べたのは、筒形の三段重。料理は、京都・円山公園にある「京料理いそべ」によるものだ。【イラスト2】

世界文化遺産の
"超ヘリテージ"

京都市中京区にある二条城。現在の正式名称は「元離宮二条城」。築城は、今から420年前の1603年（慶長8年）。江戸幕府を開いた徳川家康が将軍上洛の際の宿泊所として築いた。家康と豊臣秀頼（豊臣秀吉の子）との会見（1611年）や、江戸幕府の終焉へとつながる大政奉還の表明（1867年）など、さまざまな歴史の舞台となった。

正式名称の頭に付いている「元離宮」というのは聞き慣れない言葉だが、これは明治時代、皇室の

観光客でにぎわう唐門周辺

165

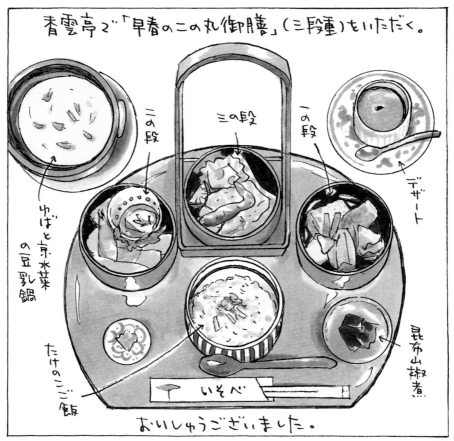

【イラスト2】

別邸「二条離宮」となっていたことによる。つまり、もと離宮という意味だ。【イラスト3】

　城内の目玉は、東側にある「二の丸御殿」。これは国宝だ。1994年には二条城全域が「古都京都の文化財」（構成資産は京都市、京都府宇治市、大津市に点在する17件）の1つとして世界文化遺産に登録された。本書で取り上げてきた施設の中でも "超" の付くヘリテージである。

　今回ここを訪れたのは西澤さんが現在、二条城の利活用のための調査業務を担当しているからだ。

建物を「残す」ための大工事が進行中

　本書では、何らかの改修・修繕を実施したヘリ

テージ建築を紹介してきたが、ここでの西澤さんの関わる工事はまだ終わっていないし、始まってすらいない。

　少しややこしい話になるが、二条城では今現在、「世界遺産・二条城本格修理事業」というものが進んでいる。城内全ての歴史的建造物を中心に修理・

仮囲いで覆われた本丸御殿

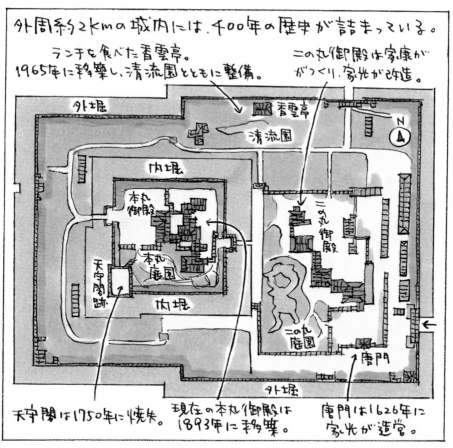

外周約2kmの城内には、400年の歴史が詰まっている。

ランチを食べた香雲亭。
1965年に移築し、清流園とともに整備。

二の丸御殿は家康が
がつくり、家光が改造。

外堀
香雲亭
清流園
N

内堀
本丸御殿
本丸庭園
天守閣跡
内堀
二の丸御殿
二の丸庭園
唐門
外堀

天守閣は1750年に焼失。

現在の本丸御殿は
1893年に移築。

唐門は1626年に
家光が造営。

【イラスト3】

整備を行う大事業で、2011年から始まった。すでに「唐門・築地」、「東大手門」、「番所」の工事が終わり、今は重要文化財の「本丸御殿」が仮囲いで覆われている（工事期間は2017～2023年度）。

これが終わると「二の丸御殿」の工事が始まり、最終的な事業完了時期は2036年度を予定している。なかなかに気の長い話だ。【イラスト4】

西澤さんが何に関わっているかというと、"その先"の利活用のためのインフラ整備を考える仕事だ。

利活用して維持管理費に
充てる方向へ

今回は締めの特別編として、二条城のような超級のヘリテージ活用の未来について考える。

西澤さんと共にその計画を進めている京都市元離宮二条城事務所・文化財保護技師（記念物）主任の今江秀史さんに話を聞いた。今江さんは市の職員でありながら、「博士（人間科学）」を持つ。

「文化財の建物保存は、かつては公的資金で建物を維持管理したり、修復したりするのが普通でした。しかし、数が増えたこともあって、近年はそれを所有者が活用して収益をあげ、そのお金を維持管理に充てる方向へと変わってきています。今、二条城で行われている工事は、建物自体を守っていくための工事です。日建設計さんには、その工事が終わった後、二条城全体をこれまでよりも利活用しやすくするための調査・検討業務をお願いしています」（京都市の今江さん）

足しげく通う西澤さんのおすすめビューは、唐門ごしに見える
この丸御殿。

この丸御殿

唐門は2013年度に修復工事が終わり、細部がくっきり。

【イラスト4】

なるほど。まだ調査中なので、具体的にどうなるとは書けないのだが、冒頭に書いた香雲亭ランチは利活用の方向性の1つといえそうだ。香雲亭は江戸時代から二条城内にある建物ではない。戦後の1965年に、角倉了以（高瀬川の開削事業で知られる）の木造邸宅の一部を、河原町二条から移築したものだ。文化財には指定されていないので、食事会にも使いやすい（文化財でも食事ができないわけではない）。

しかし、もともとレストランとして整備したものではないので、常設の調理設備は最低限しかない。電圧も、暖房に使う分でギリギリ。我々が食べた三段重は、基本的に京料理いそべ本店でつくってからここに持ち込まれたもので、温かい豆乳鍋など

期間限定の体験。

香雲亭内でのランチの様子

は店から持ち込んだ機材で温め直しているという。

これは7年前から期間限定で行われている企画だ。できれば常時やってほしいが、これを終日・季節を問わず行うには、何らかのインフラ増強が不可欠だろう。

168

本丸の南西側にある天守閣跡から見下ろすと、本丸御殿は仮囲いに覆われて工事中。
「あの工事が終わった後のことを西澤さんたちと考えています」と京都市の今江さん。

先の長いプロジェクトですね…

そうなんです

← 今江さん

建物を残すための工事と利活用のための工事は、目的が違うので同時にはできないのだという。なるほど、そういうものか。

【イラスト5】

本丸御殿は
明治期の移築

　日建設計は、そういった可能性を香雲亭に限らず二条城全体について考えているわけだ。これまで必要に応じて個別設置されてきた既存のインフラを調査し、それらの改善を提案していく仕事だ。

【イラスト5】

　そこにも、「二条城ならではの難しさがあります」と、今江さんはいう。「二条城は長い歴史の中で変わってきました。そのために、どの時点を基準に整備するのかがとても複雑なのです」（今江さん）

　それは、完成後のこんな歴史を指している。
　1750年、雷火により五層の天守閣が焼失。

　1788年、市中の大火により本丸御殿などが焼失。

　1867年、徳川慶喜が二の丸御殿で大政奉還の意思を表明。

　1868年（明治元年）、城内に太政官代を置く（現在の内閣に当たる）。

　1871年、二の丸御殿内に府庁を置く（のち一時、陸軍省になる）。

　1884年、皇室の別邸「二条離宮」となる。

　1893年、京都御所の北東にあった桂宮御殿を本丸に移築し、二条離宮本丸御殿とする。翌年完了。

　1915年、大正天皇即位の大典が行われ大饗宴場を造営（現・清流園の位置）。南門ができる（南門に架かる橋は後に撤去）。

　1939年、宮内省が二条離宮を京都市に下賜。

二条城は「庭」の歴史の集積地でもある。庭好き必見。

江戸　二の丸庭園は二条城の造営時につくられ、1626年、後水尾天皇行幸のために改修された。

本丸庭園は1893年、明治天皇の行幸の際に、大改造された。芝生と曲線の園路が特徴。　明治

昭和　清流園は戦後の1965年に作庭。和風庭園と芝生の洋風庭園から成る和洋折衷庭園。

性格の異なる庭（しかも、どれも一流）を一度に見られるのは珍しい。

【イラスト6】

1940年、恩賜元離宮二条城として 一般公開を始める。

1965年、香雲亭移築、清流園造成。

　大きいところでいうと、本丸御殿は江戸初期から残っているものではない。本丸御殿は江戸中期に焼失して以降、長く存在していなかった（大政奉還の表明は二の丸御殿で行われた）。現状の本丸御殿は明治になって移築されたもの。とはいえ、本丸御殿や本丸庭園も離宮時代の重要な歴史遺産である。

　そうしたことは難しさの一端であって、例えばランチを食べた香雲亭や、それと一緒に整備された清流園も、もうすぐ完成から50年になる。ぱっと見には江戸時代からあったようにさえ見える。【イラスト6】

戦後に整備された清流園と移築された香雲亭

国宝の二の丸御殿

元離宮 二条城

所在地：京都市中京区二条通堀川西入二条城町541
築城：1603年（慶長8年）
敷地面積：27万5000㎡（1626年の拡張後）

［二の丸御殿］
竣工：1626年（寛永3年）
構造・階数：木造、平屋建て

［本丸御殿］
竣工年：1790〜1849年完成、1893年（明治26年）に移築
構造・階数：木造、2階建て（御常御殿）

［世界遺産・二条城本格修理事業］
（本丸御殿大玄関ほか2棟）
発注：京都市
設計：京都市文化市民局元離宮二条城事務所
施工：伸和建設・上宗建設JV
施工期間：2018年11月〜2024年3月（予定）

20

日本をヘリテージ活用の
先進国に！

　何を歴史的な価値とするのか、個別に慎重な判断が必要で、「利活用しやすいように」と安易に手を入れることはできない。加えて、歴史年表に現れないような細かい要素も個別に判断していかなければならない。例えば、堀に架かる橋であったり、照明やガスなどの生活設備であったり、放水銃などの消火設備であったりだ。そういった城内の無数の要素を整理・判断して、二条城全体をより利活用しやすいものにバリューアップしていくのだという。

　「より良い姿を目指して西澤さんや日建設計の方々といろいろ頭を悩ませています」と今江さん。

地味で気の長い作業だ。しかし、本書をここまで読んでいただいた方は、その重要性がわかっていただけるだろう。

　日建設計といえば、一般の人には「大規模な再開発ビル」というイメージが強いと思う。筆者もそうだった。だが、本書の取材を通して「日建設計がこんな仕事を？」と驚くことがたびたびあった。二条城のプロジェクトは、その中でも最たるものかもしれない。最後なので、エールを送って締めたい。

「日本をヘリテージ活用の先進国に！　がんばれ日本の設計者たち！」

ヘリテージ建築の楽しみ方 &
私のお薦め教えます！

甲斐みのり氏 ╳ 山名善之氏
（文筆家）　　　　　　　（歴史家・建築家・東京理科大学教授）

進行：宮沢 洋（画文家・編集者）＋西澤崇雄（日建設計）

文筆家の甲斐みのりさんは、人気ドラマ『名建築で昼食を』のもとになった書籍
『歩いて、食べる 東京の名建築さんぽ』の作者だ。
一方の山名善之さん（東京理科大学教授）は海外の近現代建築に詳しく、
東京・上野の「国立西洋美術館」の世界文化遺産登録を陰で支えた。
全く違う方向から建築にアプローチする2人に、
お薦めのヘリテージ建築や、建築を楽しむ際のこだわりを聞いた。

（2022年10月14日にライブ配信した座談会の内容を再構成した）

—— 進行・宮沢：今日は、独自の見方で建築の魅力を広めておられる2人をお招きして、「ヘリテージ建築の楽しみ方」について話をうかがいます。その前に、まずは本書の「案内人」で、今日は私の進行をサポートしていただく日建設計の西澤崇雄さんから一言お願いします。

西澤　日建設計の西澤と申します。私はヘリテージビジネスラボで歴史的建造物を活用する取り組みを行っております。

　もともと耐震工学、構造設計を専門とするエンジニアで、実はこの仕事は6年前に社内ベンチャーで始めたもので、まだまだ勉強することがたくさんあると思っております。どうぞよろしくお願いします。

日建設計の西澤崇雄氏。プロフィルは184ページ

—— 西澤さんらしい実直なごあいさつをありがとうございます。ではゲストの1人目、文筆家の甲斐みのりさんです。旅、散歩、建築などを主な題材に、多数の著書を執筆されています。2人目は、東京理科大学教授で歴史家の山名善之先生です。フランスに留学経験があり、海外の建築にとても詳しいので、今日は主に海外の話を聞かせていただこうと思っています。

甲斐・山名　よろしくお願いします！

—— お2人にまずお聞きしたいのは、日本でも古い建築を面白がる人が増えてきていて、意識がずいぶん変わってきたのではないかということです。今日の企画も、私が建築をやり始めた30年くらい前には、一般の人は関心を示さなかったのではないかと思います。その辺りの感触からお聞きしたいのですが、山名先生はどう思われますか。

山名　私自身もかなり驚いているところがあります。欧州へ行くと、石造りで昔の建物が残っているから古い建物を大切にする、みたいないい方をよくされます。日本には木造が多くて、火事があったり、地震があったり、第2次世界大戦があったりして、昔の建物が残っていないから大切にしないんだと。

　でも、この20年ぐらいでしょうか、意識がずいぶん変わってきたなという気がします。

　私がフランスから日本に戻って来たのは25年前で、戻って来たての頃に少し兆候が出始めた感じがしました。そして、この20年くらいは、いわゆる名建築だけでなく、マチバ（街場）の古い建物を一般の人が好んで訪れたり、あるいは使っていこうとしたりする動きが出てきた。特に若い人たちですね。新しい場所でビールを飲むよりも、古い場所で飲んだほうがおいしいとか、そういう雰囲気が出てきたと思います。

山名善之氏。1966年生まれ。1990年東京理科大学卒業。香山アトリエ／環境造形研究所、フランス・パリ・ベルヴィル建築学校 DPLG 課程（フランス政府給費留学生）、パリ大学パンテオン・ソルボンヌ校博士課程。アンリ・シリアニ・アトリエ（パリ・文化庁在外派遣芸術家研修員）、ナント建築大学契約講師などを経て、東京理科大学創域理工学部建築学科教授。フランス政府公認建築家 DPLG、博士（美術史）

—— それは、何かきっかけがあったと思いますか。国の登録有形文化財制度（1996年創設）のような「保存のための仕組み」が充実してきた影響なのか、それとも自然にじわじわと楽しむ人が増えてきたのでしょうか。

山名　私の個人史的なところでいうと、大学時代の日本はバブルだったわけです。バブル時代は、古い建物が本当にどんどん壊されて、新しい建物

ができて、新しい建物で食事をしたほうがいいという風潮でした。バブルがはじけて、経済成長がゆっくりになってきて、古い建物が残りやすくなったとか、気づいたら残っていたとか、そういう変化が大きいように思います。

　登録有形文化財とか、そうした制度は並走してきただけであって、一番影響があったのは、人々の心に、昔の建物に対して「いいな」という気持ちが芽生え始めたことだと思います。

―― 甲斐さんは、建築に興味を持つようになってから、一般の人の意識の変化を感じますか。

甲斐　私は建築ファン歴20年ぐらいになります。最初の頃は1人で見に行って、1人で一生懸命本を読んだり、パンフレットを集めたり、その場にいらっしゃるガイドの方に質問したりしていました。

　数年前からは、「生きた建築ミュージアムフェスティバル大阪（イケフェス大阪）」という大阪中の名建築を公開するというイベントに参加しています。こんなに建築ファンがいるんだと驚き、その場にいる人たちがまるで同志のように思えて喜びを感じました。

　たぶん、それまでもたくさん建築ファンはいたのでしょうけれども、建築ファン同士が顔を合わせる場がなかった。それが、今は建築祭とかツアーが開催されることによって、「私はこの場にいる人たちと一緒の好きなものを持っているんだ」という喜びを分かち合えるようになりました。

　京都でも2022年から「京都モダン建築祭」と

甲斐みのり氏。文筆家。旅、散歩、お菓子、手みやげ、クラシックホテルや建築など主な題材に、書籍や雑誌に執筆。自治体の観光案内冊子の監修も手掛ける。「CasaBRUTUS web」で「甲斐みのりの建築半日散歩」を連載。著書は50冊以上。『歩いて、食べる 東京のおいしい名建築さんぽ』（エクスナレッジ、2018）が原案のドラマ「名建築で昼食を（東京編）」（テレビ東京、2020）では監修も手掛けた

いうイベントが始まりましたが、そういったものが東京でも行われてほしいですし、各地に広がっていったらいいなと思います。

―― 関西以外にも広がってほしい動きですよね。ところで、甲斐さんとお話しするのは今日が初めてで、いろいろ聞きたいことがあるのですが、まず一番は、どうして建築に興味を持ったのでしょうか。私の場合は、文系ながら出版社でたまたま建築雑誌に配属されて、強制的に建築を見るようになり、「建築って面白い」と思い始めました。そうでない普通の人が建築好きになるきっかけがよくわからなくて……。

甲斐　私は大学生の時に「大阪府立中之島図書館」（124ページ参照）へ行ったのがまず大きな体験としてありました。そして、その次の人生を変えるような体験は、大学卒業後、京都に住んでいた時で

「日本のダーウィン」と呼ばれた遺伝学者・駒井卓博士の住宅。白川疎水沿いにある。ウィリアム・メレル・ヴォーリズの設計で1927年に完成。現在はボランティアによって一般公開されている

した。その頃は毎日、ある建物の前を自転車で通っていました。この建物はすごく素敵で、どんな人が住んでいるんだろう、昭和の純文学の世界のようだなと思う建物でした。

あるとき友人に「素敵な場所でワインが飲めるイベントがあるから、行ってみない?」と誘われて、行ってみたらその建物だったのです。それはウイリアム・メレル・ヴォーリズ(1880 ～ 1964 年)[1] が設計した「駒井家住宅」でした。公開日に合わせて温室でワインが飲めるというイベントをしていました。こんなに素敵な場所でワインが飲めるんだと、お酒が何杯でもおいしく感じられました。

当時の私は、物書きになりたいという将来の夢を持ちながらも、未来に迷っていました。でも、その素敵な建築の中に身を置いた時、それまで自信のなかった私が、物語の主人公とはいわないまでも1人の登場人物になれた気がしたのです。建築が私にちょっと自信を持たせてくれるというか、建築に救われるような体験をしました。

── なんと、ドラマチックな体験。駒井家住宅は行ったことがなかったので、行ってみます!

甲斐チョイス
「ヘリテージレストラン・カフェ 3 選」

── さて、ゲストのお 2 人には、今日のために宿題を出しています。甲斐さんには「建築に関心がありそうな友人に教えたくなるヘリテージレストラン・カフェ 3 選」を、山名先生には「日本の建築関係者に知ってほしい海外のヘリテージ活用事例 3 選」を選んできてもらいました。では、甲斐さんから宿題の発表をお願いいたします。

甲斐　はい、私が選んだ 1 件目は、「**港区立郷土歴史館(ゆかしの杜)**」です。コロナ禍のさなか、街が静まりかえっている時に、東京都港区の白金台あたりを歩いていて、たまたま見つけた建築です。

近づいて入ってみたら、「なんだここは!」と。建物の中で資料を見せていただいたり、説明を聞いたりしながら、こんな素敵な所があるんだと驚

旧公衆衛生院をリノベーションした港区立郷土歴史館(写真:鍵岡 龍門)

きました。もとは「旧公衆衛生院」だった建物で、東京大学のキャンパスの設計を手掛けた内田祥三さん(1885 ～ 1972 年)[2] が設計されたものだということを知りました。

中央ホールに入ると、天井にクッキーが並んでいるようでかわいらしい。ときめきます。ずっとこの中に包まれていたいと思いながらめでていました。

港区立郷土歴史館のエントランスホール(写真:鍵岡 龍門)

旧公衆衛生院は、1938 年(昭和 13 年)に手洗いやうがいなどを通して感染病予防を普及させる

ために設立された施設だそうです。2002年に埼玉に移るまで、64年間こちらで実際に使われていました。それが、2018年に港区立郷土歴史館として開館しました。私は開館の2年後ぐらいに知りましたが、東京の真ん中にこんな素敵な建物があったんだと感動しました。

もともと地下の食堂として使われていた所が「VEGETABLE LIFE（ベジタブルライフ）」というカフェとして開かれています。野菜をたっぷり使ったランチのほか、季節のケーキやデザートを味わえる素敵なカフェです。

私はタイルが大好きで、建築に行くとタイルの写

港区立郷土歴史館のカフェ（写真：鍵岡 龍門）

真ばかり撮ったり、タイルをめでたりしています。このカフェは、「こんなに間近に泰山タイル[※3]を感じながら食事ができるんだ」と感動しました。

安藤忠雄氏による 歴史的建物のリノベーション

甲斐　おすすめの2件目は「丸福樓（まるふくろう）」です。京都・四条にある旧山内任天堂社屋が2022年4月、安藤忠雄さんの設計監修でオールインクルーシブ（代金の中に食事やリラクゼーション施設の料金が含まれている仕組み）のホテル、丸福樓へと生まれ変わりました。

任天堂の創業家である山内家が大切に守り続けてきた歴史的建物です。1930年（昭和5年）に建てられ、世界的なゲームメーカーへと発展を遂げた任天堂の本社社屋として使われて、この写真の手前から事務所棟、創業家である山内家の住居棟、

任天堂本社社屋をリノベーションした万福樓（写真：鍵岡 龍門）

倉庫棟として、3つの建物が並んでいます。そこに鉄筋コンクリートの新築棟が安藤忠雄さんの設計で加えられました。

私が訪れている間も、看板の写真を撮りに来た方がいらして、多分ゲームファンの方なのではないかと思います。ゲームファンの方も、今、泊まりたい、行きたいホテルだと思いますし、もちろん建築ファンの方も行きたくなると思います。

写真はホテルに泊まった方だけが出られるバルコニーです。「任天堂」という文字を見つけられる、ホテルの中で"隠れ任天堂"といわれている所です。

万福樓のホテルバルコニー（写真：鍵岡 龍門）

このホテルには、そういう泊まった方だけのお楽しみが随所にあります。

次の写真はホテルに付随しているレストランです。料理家の細川亜衣さんが監修しています。亜衣さん自身は建築の専門家ではありませんが、内装や植栽に至るまで亜衣さんが監修している空間になります。

万福楼のレストラン（写真：鍵岡 龍門）

宿泊しても楽しいですし、お料理だけを味わいに行くのもいい。今、京都で楽しい建築かなと思います。

喫茶店オーナーが
レーモンドを調べつつ改装

甲斐　3件目をご紹介したいと思います。「喫茶クロカワ」という名古屋にあるカフェです。私は大きな建築も好きですが、街にある小さな喫茶店の中にも名建築だなと思う所がたくさんあります。こちらのクロカワは本当に名建築です。

甲斐
チョイス
3

アントニン・レーモンドが設計した事務所ビルをリノベーションした喫茶クロカワ（写真：鍵岡 龍門）

アントニン・レーモンド（1888〜1976年）[4] の設計事務所が手掛けた鶴舞公園近くの建物です。今は喫茶店として使われています。2014年に開店しました。

こちらのオーナーさんは、それまで別の仕事をしながらイベントやケータリングでコーヒーをいれていた方で、もともと喫茶店を営んでいたわけではありません。いつか喫茶店を開きたいと思って名古屋の街中を巡って歩いていた時、外観が気になったのがこの建物でした。そして大家さんを探し出し、ここを借りたいと交渉したそうです。その過程で、レーモンドの設計事務所によって1961年に自動車部品を扱う商社として建てられた建物だということがわかりました。

近年は物置場みたいな使い方をされていたので、セルフリノベーションでそれらを取り払い、鉄骨の梁やコンクリートのブロック壁など、竣工時の姿に戻るように努めたそうです。

オーナーの黒川さんは、建築に関しては素人です。レーモンドは名古屋にある南山大学の設計者でもあるので、大学を訪ねてレーモンド建築を見

喫茶クロカワの店内（写真：2点とも鍵岡 龍門）

学したり、本で勉強したりして、仲間の手を借りな
がら1年掛かりでセルフリノベーションをされたそ
うです。

今どきのきれいな感じに改装されていたものを、
どんどん元の姿に戻していった。しかも、建築の
専門家ではない方が戻していったということで、す
ごく素敵で面白い喫茶店です。

なおかつ、コーヒーがとてもおいしい。最近は
苦さとか酸味とかにこだわられる方が多いようで
すが、黒川さんはコーヒーの甘さに魅力を感じて、
甘みを引き出すコーヒーを研究されています。それ
も面白いと思いました。

以上、私が今回選んだ3件になります。

── ありがとうございます。それぞれのコメントに
気になる話が満載で（笑）、後でまたいろいろ聞か
せてください。山名先生は、どんな印象を持たれ
ましたか。

山名　特に最後のコーヒー屋さんへ行ってみたい
なと思いました。黒川さんにぜひ会いたい。いい
建築を知ろうとか、感動したとか、そういう人がい
れてくれるコーヒーはやっぱりおいしいだろうなと。
おいしいものがある所にはいい建築がある。そう
思って、私はいつも東京の街や京都の街を散歩し
ております。

── では、そんな山名先生の、宿題の発表をお願
いいたします。

山名チョイス
「海外のヘリテージ活用事例3選」

山名　はい。最初に紹介したいのが「Le Lieu
unique（ル・リュー・ユニーク）」という文化センター
です。この建物はフランスのナントにあります。こ
こはもともとクッキー工場でした。

フランスのナントは、パリから高速鉄道TGVで
2時間半くらいの所にあります。TGVの車内でもそ
のクッキーを売っています。

私は1994年から8年ほどフランスに住んでい
ました。フランスに行ってまず驚いたのが、古い

クッキー工場をリノベーションした「Le Lieu unique（ル・リュー・ユニーク）」（写真：山名 善之）

建物が当たり前にあるということです。行ったのは
20世紀の最後でしたが、築200年、築300年と
かがざらにありました。

一方で、20世紀の比較的新しい建物にもそれ
なりの価値を見いだして使っていることに驚きまし
た。私が大学生時代の日本はバブルでしたので、
どんどん壊して新しいものをつくっていた。私は先
ほど紹介していただいたように、コルビュジエの世
界遺産登録の仕事をしていましたが、フランスでは
すでにモダンムーブメントの建築が文化遺産の対
象になっていて、それにも驚かされました。

私がかつてナントの大学で教えていた時期に少
しずつ議論が進んで、この工場を文化センターにし

ル・リュー・ユニークの塔（写真：山名 善之）

ル・リュー・ユニークの内部（写真：山名 善之）

て使い直そうという動きになりました。

　塔の部分が非常にシンボル的な建物です。そこを中心に改修して、きれいにしました。

　塔の改修には結構お金がかかったのですが、内部は工場の趣をそのままにして、アーティストが展覧会をしたときに少しずつ変えていこうと、運営者は緩く考えているようです。保存というより、「長く使い続けていこう」という感じです。

植民地時代のわだかまりを
越えて建物活用

山名　2つ目に紹介させていただきたいのが、**ベトナムのビラ**です。

山名
チョイス
2

ベトナム植民地時代の邸宅をリノベーションしたビラ（写真：國部 元太）

　旧フランスの植民地にはインドシナ半島のベトナム、ラオス、カンボジアがありますが、私は最近ベトナムによく通っております。ベトナムには、ベトナム戦争という過去の暗い時代がありましたが、

それを乗り越えて今、経済的に非常に発展しています。ベトナムは植民地時代、フランスに支配されていたわけですから、フランスの建物は彼らにとってあまりいいイメージではなかったはずです。けれども今、そういったわだかまりを乗り越えたうえで、フランスの植民地時代の建物を使っていこうという雰囲気が出てきています。

ベトナムのビラのプール（写真：國部 元太）

　写真で紹介させていただいているビラがあるのは、ダラットという、日本でいう軽井沢のような避暑地です。ベトナムは非常に暑いので、1920年代ぐらいにフランス人がたくさん住みだしたときに、高地に人工的な都市をつくりました。そこにビラがありました。しばらく廃虚になっていましたが、そこにもう一度手を入れて、多くのベトナム人とか、あるいは海外からの観光客を誘致しています。林の中にビラが建っているという素晴らしい環境です。

"冷凍保存"ではない
世界文化遺産

山名　3つ目に紹介させていただきたいのは、オランダ・ロッテルダムの「**Van Nelle Factory（ファン・ネレ工場）**」という、かつてのたばこ工場です。2014年に世界文化遺産になりました。

　たばこ工場として稼働している時代から建築として非常に評価の高い建物で、1960年代くらいから「これは文化遺産的に重要だろう」といわれていました。欧州においてもたばこを吸わない人が増えてきて、たばこ工場はどんどん閉鎖されてきていま

たばこ工場をリノベーションした「Van Nelle Factory（ファン・ネレ工場）」
（写真：山名 善之）

す。ここは、閉鎖した部分をどのように使っていくのかという議論が行われて、今はいわゆるアーティスティックな観点を持つクリエーティブな人たちを誘致する施設になっています。観光客も訪れて、中で食事もできます。

上はファン・ネレ工場の外観で下は内部（写真：2点とも山名 善之）

「ドコモモ」※5という国際組織があります。こうしたモダンムーブメントの建物は、かつては非常にネガティブなイメージを持たれていましたが、これを新しく見直して使い直していこうという雰囲気がドコモモを中心に出てきました。まさにファン・ネレ工場のあるオランダから始まった運動ですが、そのシンボル的なものとしてこの工場が改修され、その上で新しく使えるようになって、世界文化遺産にもなった。

世界文化遺産も近年は、"冷凍保存"するようなものではなく、次の世代にどう渡していくのかという視点が非常に重要になってきている気がします。

以上、宿題の答えということで、よろしいでしょうか。

── 恥ずかしながら、私は3件とも知らないプロジェクトでした。西澤さんはご存じのものがありましたか。

西澤　私は3年くらい前に、たまたまファン・ネレ工場を見る機会がありました。現代のオフィスビルの観点でも斬新だし、床から天井までガラスですごく明るくて、本当に素敵な空間だと思いました。

「建子」を
はやらせたい！

── ここからは、それぞれのヘリテージ建築の楽しみ方を伺います。甲斐さんは先ほど「ヴォーリズの駒井家住宅を見た時、建築に救われた」と仰られましたが、具体的にどんなふうに救われたのですか。それからはどんな楽しみ方を？

甲斐　駒井家住宅の中で、窓枠の話とか、千鳥の照明の話とか、設計者のヴォーリズの話とかを聞いていたら、心がワクワクしてきたんですね。それで、もっと見たい、もっと見たいと思ったら、京都は街中が名建築だらけだった。

それからは街に出て、建築に足を運び、タイルの写真を撮ったり、窓枠の写真を撮ったりしているうちに、街歩きをすることがどんどん楽しくなっていきました。建築が私を外の世界に連れ出してくれて、世界を広げてくれたんです。

一時期、鉄道オタクの女子を鉄子といって、はやりましたよね。ならば、建築オタクは「建築」

に「子」と書いて「建子」だと思って、建子をはやらせようと思いましたが、全然はやりませんでした。

── 今からはやらせましょう！

甲斐　今も、「建子」というハッシュタグをつけてインスタグラムに投稿しています。建築ファンを増やしたいというのが私の願いです。

宮沢　ヴォーリズに引かれる女性は多いですよね。

甲斐　ロマンチックだなと思います。建築家の方はロマンチックな方が多いと思いますが、ヴォーリズの建築は特にロマンスを感じられたり、ストーリーが面白かったりします。

フランスでは普通の人にも 建築愛がある

── そういう入り方で建築を楽しんでいる甲斐さんを、大学で建築を教えていらっしゃる山名先生はどうご覧になっているかお聞きしたいです。

山名　マニアですね（笑）。フェチというか。すごくいいなと思います。僕が日本で教育を受けていた時、建築というものは文化という感じではなかった。ある用途に対する建築計画学のようなものの中で、病院はこうだとか、学校はこうでなくちゃいけないみたいな。それが、フランスへ行って、建築は文化なのだと意識が変わりました。

── フランスだと、甲斐さんのように建築を楽しむ人も普通にいるのですか。

山名　僕が行ったのは1990年代の最初の頃ですが、建築に対して、専門家ではない人が異常に詳しいんですよ。それが食べ物に結びつくことがある。

「ここでこういう新しい料理がつくられたんだけど、知ってる？　建築家とその料理人が親戚でね」とか、そんな話が始まる。ちょっとついていけないな、と思うくらいでしたが、そういうところが1つの文化なのかなと思いました。

── 甲斐さんは先ほど、港区立郷土歴史館のエントランスの天井装飾が「クッキーみたいだ」と仰いました。ああいう例え方は、書くときに後から考えるんですか。それとも、見た瞬間に頭に浮かぶんですか。

甲斐　見た瞬間です。子どもの頃にお菓子の家が大好きで、お菓子の家に住みたいと思っていました。東京駅赤レンガ駅舎のドームの下へ行って見上げると、「ああプリンみたい」と思っていつも幸せです。

── 私はああいう「しっくい装飾」を見ると、職人にどれくらい力量があるみたいな伝え方を考えてしまうので、「クッキーみたい！」って書けばよかったのかと（笑）。西澤さんは、甲斐さんの話を聞いてどんな感想を持たれましたか。

西澤　そのこだわりに、頭が下がる思いです。単なるマニア、オタクの世界だけでなく、多くの人に甲斐さんの本が支持されているのは、着眼点というか、甲斐さんのアンテナが素晴らしいのだと思います。僕は一般の人の考えがわからなくて苦労しているので、山名さんもそうですが、専門的でありながら皆さんに支持される伝え方できるのがすごいなと思って聞いておりました。

言葉だけでなく
写真も重要

―― 今の西澤さんの話を受ける形になりますが、建築の良さを建築専門家ではない人に伝えるご苦労がお2人にもおありだと思います。山名先生はどうですか。

山名　建築家とか建築関係者が「開かれていない専門集団」に思われているところが一番問題だと思います。それは我々建築側に非常に責任があると思っていて、開かれた言葉、誰もが共感し得る言葉を使っていかないと、なかなか難しいなという気がします。

―― 私も建築の雑誌を長くやっていて、「ピロティ」※6とか「ルーバー」※7といった言葉を普通に使うようになってしまいましたからね。甲斐さんは、自分の思いを伝えるのに難しいなと思う場面はありますか。

甲斐　あります。私も建築用語がわからなかった時に、説明されたままの言葉ではなく、わかりやすい言葉に替えるとか、何かに例えるとか、建築用語はできるだけ使わないように工夫しています。

　それと、時代性もあると思いますが、今は写真もすごく重要です。建築は、建築写真家という専門家の写真家さんがいますが、私はそうではない方にお願いしています。

―― それは甲斐さんが編集部に助言されたんですか。

甲斐　そうです。建築を専門に撮っている方だと、「パースが」とか「ゆがみが」とか、すごく気にされますよね。私は手持ちのカメラで食べ物とか、かわいらしいものを撮る感じで、散歩している自分と同じ目線で撮ってほしいという思いがあります。ときめきを人と共有したいとか、自分が推している建築をよりかわいく撮りたいとか、そんな気持ちが強いです。

―― これも建築の雑誌を長くやっていると、広角レンズで全部説明的に入れるとか、すごく近くに寄ってその部分だけが格好良く見えるようにするとか、

そんな写真を反射的に撮ってしまうんです。甲斐さんの本を見ると、フワッとした感じが不思議だったので、なるほど、あれは相当のこだわりがあって撮っているんですね。

甲斐　そうです！

専門家の言葉が
活用を後押しすることも

―― 西澤さんは、建物の所有者にわかりやすく伝えることの重要性をどう感じていますか。

西澤　国の重要文化財に指定されることが決まった「中部電力 MIRAI TOWER（名古屋テレビ塔）」（8ページ参照）は、アナログの地上波が終了した時に収入がなくなることがわかっていて、当時、行政含め関係者らがテレビ塔を壊してしまうことを真剣に考えられたそうです。それが、専門家の先生から、テレビ塔は名古屋のシンボルで価値があるんですよといわれて、保存しながら活用していくという方向に動き出したという話を伺いました。

　僕の仕事としては、これからもそうした建築の価値を所有者に説明していくことになりますが、や

重要文化財になった「中部電力 MIRAI TOWER（名古屋テレビ塔）」

はり自分の言葉が一般の人に訴えかけられる言葉なのかどうか……。先ほど先生方の話を聞いて、そうか、こうやれば訴えられるんだなとちょっとずつわかってきましたが、今はそれにすごく苦労しております。

── 甲斐さんを一緒に連れて行けば、ときめき感を伝えてくれそうな気がします（笑）。今日は建築設計者の方もたくさん見ていると思うので（この日の座談会はライブ配信された）、最後に今日の話の流れの中でヘリテージ建築に関わる設計者にお願いしたいことをお聞きしたいと思います。

甲斐　ときめきのポイントをたくさん残してほしいです（笑）。私はタイル好きなので、同じタイルができなくても、「ここまでは昔のままで、ここからは新しいタイル」と聞いてもときめくんです。設計者の方が敬意を持ってここを残されたんだなという思いが伝わって感動します。

そういう設計者の思いが読める資料が施設に置いてあると、必ずもらって読んで楽しみたいので、そういうのもあればいいなと思います。

── 山名先生はご自身も建築家ではありますが、設計者への要望、いかがですか。

山名　2点あります。1つは、新しい建物をつくる設計者に対しては、例えば50年、100年たったときにも、ときめきを伝えるようなものをつくってほしい（笑）。それはある種の人間的な色気を持って建物のデザインに取り組むことです。施工の人たちにもそれを伝えて、いいものをつくっていただきたいと思います。

もう1つは、今、設計者として活躍されている方が、周りの一般の人たちに心の扉を開いてほしい。どうしても閉じこもって、なかなか伝えられないことが多いかと思います。それをなるべく周りの人に開いてほしい。例えば町内会に出て「この建物がこうだ、ああだ」ということをいったりして、そういう輪を広げてもらいたいと思います。

── 町内会で交流する建築家、いいですね。今日は、ヘリテージ建築の今後を考えるうえで、「ときめき」が重要なキーワードだとわかりました。本日は甲斐さん、山名先生、ありがとうございました。

※1　ウイリアム・メレル・ヴォーリズ：建築家。1880〜1964年。米国に生まれ、キリスト教の伝道者として来日。独学で設計の知識を得て、教会建築のほか、日本に数多くの建築を残した。近江兄弟社の創立者の1人としてメンソレータムを日本に普及させた実業家でもある。1941年、日本に帰化。日本名は一柳米来留（ひとつやなぎめれる）。

※2　内田祥三：建築家。1885〜1972年。東京帝国大学建築学科で多くの後進を育てた。東京大学安田講堂や同総合図書館など、内田が設計した東大キャンパスの建物群は「内田ゴシック」とも呼ばれる。東京帝国大学第14代総長。

※3　泰山タイル：創業者である池田泰山が設立した泰山製陶所でつくられたタイル。釉薬（ゆうやく）を分厚く重ねた窯変タイルや、さまざまな表情の布目タイルなどがある。

※4　アントニン・レーモンド：建築家。1888〜1976年。チェコ出身。フランク・ロイド・ライトが帝国ホテルを建設する際に来日。その後も日本にとどまり、モダニズム建築を数多く設計。前川國男や吉村順三など、戦後の建築界をけん引する建築家を育てた。

※5　ドコモモ：DOCOMOMO=Documentation and Conservation of buildings, sites and neighborhoods of the Modern Movement。モダン・ムーブメントにかかわる建物と環境形成の記録調査および保存のための国際組織。1990年に第1回国際会議を開催。日本でもドコモモ・ジャパンが近代建築の再評価のための活動を行うとともに、取り壊しが予定される近代建築について保存要望書を提出するなどの保存活動に取り組んでいる。

※6　ピロティ：2階以上を部屋として下部を吹きさらしにした1階部分。ル・コルビュジエが「近代建築五原則」の1つに挙げた。

※7　ルーバー：板状あるいは棒状の素材を、隙間を空けて平行に並べたもの。

［著者プロフィル］

宮沢 洋（みやざわひろし）

画文家、編集者、BUNGA NET 代表兼編集長。1967年東京生まれ。1990年早稲田大学政治経済学部政治学科卒業、日経BP社入社。日経アーキテクチュア編集部に配属。2016年〜2019年まで日経アーキテクチュア編集長。2020年に独立し、磯 達雄と Office Bunga を共同主宰。2021年、株式会社ブンガネット（BUNGA NET Inc.）を設立。著書に『隈研吾建築図鑑』、『誰も知らない日建設計』、『イラストで読む建築 日本の水族館五十三次』。共著に『建築巡礼』シリーズ（磯 達雄との共著）、『画文でわかる モダニズム建築とは何か』（藤森照信との共著）など

［案内人プロフィル］

西澤 崇雄（にしざわ たかお）

日建設計エンジニアリング部門サスティナブルデザイングループ ヘリテージビジネスラボ ダイレクター ファシリティコンサルタント。博士（工学）。1966年大阪府生まれ。1992年、名古屋大学大学院修士課程を経て、日建設計入社。専門は構造設計、耐震工学。歴史的価値の高い建物の免震レトロフィットに多く携わった経験を生かし、構造設計の実務を担当。2016年からヘリテージビジネスのチームを率いて活動を行っている。

はじめてのヘリテージ建築
絵で読む「生きた名建築」の魅力

2023年6月19日初版第一刷発行
2023年10月3日初版第二刷発行

著者：宮沢 洋（画・文）

取材協力：日建設計 ヘリテージビジネスラボ
編集スタッフ：菅原由依子 日経クロステック編集／日経アーキテクチュア
発行者：森重和春
発行：株式会社日経BP
発売：株式会社日経BPマーケティング
　　　〒105-8308 東京都港区虎ノ門 4-3-12
装丁・デザイン：中島 雄太 YUTA Design Studio
印刷・製本：図書印刷株式会社
©Hiroshi Miyazawa 2023　Printed in Japan
ISBN978-4-296-20245-4